I0411291

Cine Catalán
El Sector Cinematográfico
Barcelonés
1975-2000

Ingo von Sundahl

Copyright © 2015 Ingo von Sundahl
All rights reserved.

ISBN-10: 1508823820
ISBN-13: 978-1508823827

Agradecimientos

Quiero hacer constar una serie de agradecimientos. En primer lugar, a Salvador Giner, grandísimo sociólogo catalán con cuyo apoyo he podido contar en todo momento. En segundo lugar, a Arturo Rodríguez Morató, sociólogo e inagotable fuente de inspiración. En tercer lugar, a José María Caparrós Lera, historiador e especialista en cine sin cuya colaboración este proyecto difícilmente se hubiera podido llevar a cabo.

De igual modo al personal de la Filmoteca de Catalunya que amablemente me brindó su ayuda. También quiero señalar de la Generalitat de Catalunya que me apoyó con una beca del programa CERIT y en fin, a los profesionales del sector, que a menudo contestaron a mis preguntas de forma entusiasta y que me dieron animo de continuar indagando en el complejo universo del cine.

Índice   pág. 4

1. Introducción

El cine constituye una producción cultural especialmente compleja. Las funciones típicas de creación, producción, distribución y consumo se especifican en su caso en una multitud de roles diferenciados y en complicados procesos de gestión.

La situación del cine en Cataluña entre los años desde 1975 hasta 2000, como en buena medida en el conjunto de España y también de Europa, es de una considerable precariedad en cuanto a su dimensión industrial, lo que supone que la cadena productiva toma formas y envergaduras muy dispares. Muchas veces los directores son mayoritariamente quienes llevan adelante los proyectos, y en el caso del cine independiente o de autor, las funciones de productor, director y guionista se reúnen a menudo en la misma persona, es decir, los directores, y no las productoras, son la fuerza motriz que consigue los recursos para el rodaje y la realización del film [1]. Por otra parte, la lista de colaboradores en el proceso productivo puede ser más o menos extensa y toma un carácter más o menos profesional, al tiempo que las pautas de la distribución y exhibición pueden ser también muy distintas e incluso a veces estar ausentes cuando no llega a estrenarse la película, caso nada infrecuente.

Por lo demás, la debilidad de la producción autóctona se ve reforzada por la feroz competencia del cine producido fuera, principalmente en los Estados Unidos pero también en Madrid, y esta situación de acoso justifica la existencia de importantes políticas compensadoras. Tanto la competencia externa como la acción política paliativa constituyen elementos fundamentales de la situación, y hay que, pues, tomarlo en cuenta.

Partimos del hecho de una debilidad estructural considerable y de una inconsistencia y escasez del cine barcelonés; justamente por esta debilidad no se puede entender este sector de forma aislada sino en el contexto audiovisual y por la relativa fortaleza de otros ámbitos de producción audiovisual. Una buena parte de las productoras muestran algún grado de diversificación produciendo para la ficción televisiva o el cine publicitario y, ocasionalmente, algún largometraje [2].

Nuestra investigación del sector del cine barcelonés se estructura a partir de dos partes. En la primera describimos las circunstancias y cuantificamos los elementos del sector cinematográfico barcelonés. Comenzamos con la elaboración de un mapa organizacional del sector cinematográfico barcelonés que comprende la definición de sus categorías y ejes y la descripción de los elementos que forman la cadena cooperativa cinematográfica. Después pasamos al análisis de estos elementos y a las circunstancias del sector. En la segunda parte, y de modo de conclusión, nos dirigimos a la actividad artística profesional cinematográfica, abarcando la precariedad de la creación, las dificultades y posibilidades de articulación de la cadena cooperativa y la potencialidad del consumo. Como último evaluamos las dinámicas de aglomeración productiva en el ámbito audiovisual, el impacto tecnológico en las cadenas productivas ante su configuración socio-técnica y la dinámica general del sector.

---

[1] Heredero. F.C. (1997): *Espejo de MiradasEntrevistas con nuevos directores del cine español de los años noventa*. Madrid. 27° Festival de Cine de Alcalá de Henares. pág. 34.

[2] La mayoría de las productoras cinematográficas, con la excepción de Filmax, tiene detrás una sola persona, incluso las más exitosas como Els Films de la Rambla de Ventura Pons u Oberon de Antonio Chavarrias. No tienen las infraestructuras necesarias para producir varias películas, lo que constituiría una verdadera industria cinematográfica, sino que deben producir una película detrás de otra, casi siempre con grandes dificultades presupuestarias y a veces con el respaldo de las subvenciones.

2. Elementos y circunstancias del sector cinematográfico barcelonés

El mapa organizacional

En la página siguiente, el gráfico 1 se estructura en relación con dos ejes. En el eje vertical se diferencian los distintos ámbitos institucionales donde se sitúan los diferentes actores que contribuyen, de modo relevante, al mantenimiento de la actividad cinematográfica. Nos encontramos aquí, principalmente, con un ámbito público, en el que no se genera propiamente el producto cinematográfico pero desde el que se interviene de manera intensa sobre él, y con otro ámbito de carácter privado, en el que históricamente se ha definido la cadena productiva cinematográfica en tanto que industrial. Fuera de estos dos espacios, se dibuja un tercer ámbito, de carácter asociativo, en el que sitúa en buena medida la práctica cinematográfica amateur. Además, como referencias externas del sector, representamos fuera de él la competencia con el mercado nacional e internacional y su marco regulativo legal. El eje horizontal, por su parte, representa el sentido en el que se articula el proceso de producción y consumo cinematográfico.

Siguiendo las categorías y ejes establecidos en el mapa, analizamos a continuación los elementos del mapa de la siguiente manera. En primer lugar, describimos la competencia nacional e internacional y el marco regulativo del sector del cine barcelonés y evaluamos hasta qué punto incide en su actividad. En segundo lugar analizamos, dentro del ámbito público, las administraciones culturales y subvenciones, los premios y festivales, las instituciones de conservación y estudio y, finalmente, las instituciones oficiales de formación. En tercer lugar, y entrando en el ámbito privado, tratamos en el subuniverso artístico industrial de las escuelas privadas, los profesionales, la producción, la distribución, la exhibición, la crítica y los medios y los públicos. Por último, pasamos al ámbito asociativo dentro del subuniverso amateur donde se ubican el cine amateur hecho en escuelas privadas con lógicas amateur y los cineclubs.

Gráfico 1: Mapa organizacional básico del sector cinematográfico

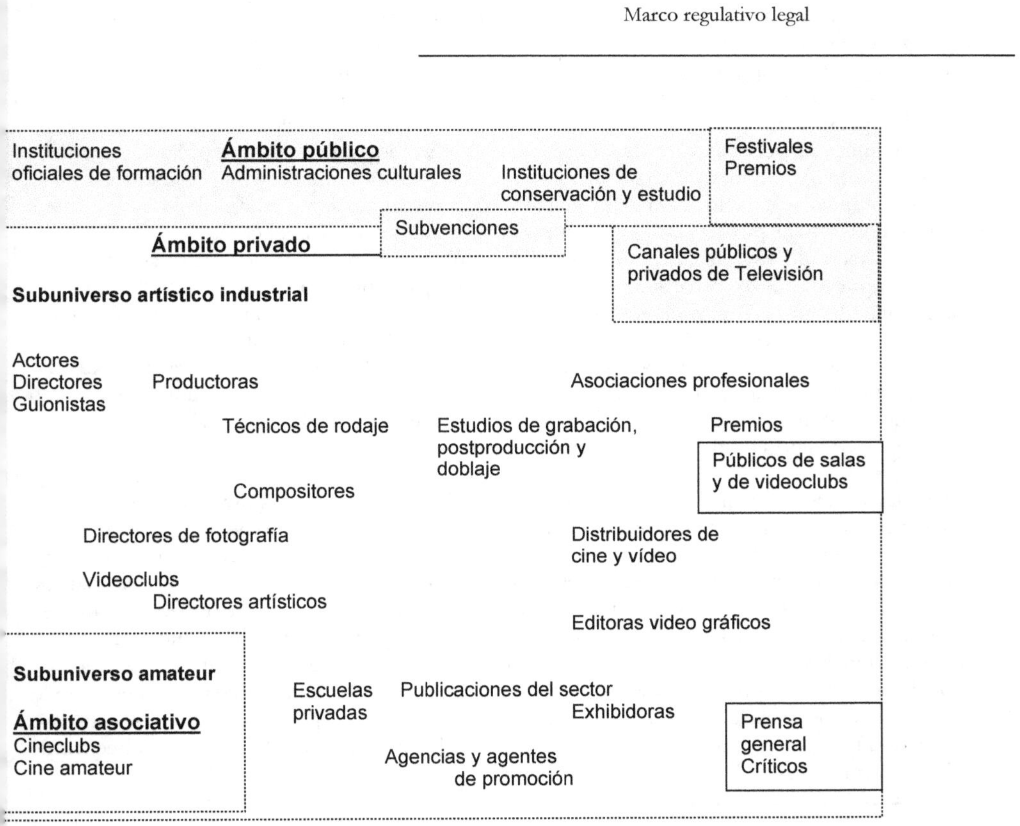

Marco regulativo legal

_____

Instituciones   **Ámbito público**   Festivales
oficiales de formación   Administraciones culturales   Instituciones de   Premios
                                                            conservación y estudio

                                              Subvenciones
          Ámbito privado   Canales públicos y
                                                                    privados de Televisión
Subuniverso artístico industrial

Actores
Directores   Productoras   Asociaciones profesionales
Guionistas
                  Técnicos de rodaje   Estudios de grabación,   Premios
                                          postproducción y
                                          doblaje   Públicos de salas
                  Compositores   y de videoclubs

     Directores de fotografía   Distribuidores de
                                                 cine y vídeo
     Videoclubs
            Directores artísticos
                                                 Editoras video gráficos

Subuniverso amateur
                        Escuelas   Publicaciones del sector
Ámbito asociativo   privadas   Exhibidoras   Prensa
Cineclubs   general
Cine amateur   Agencias y agentes   Críticos
                                  de promoción

2.1. El ámbito publico

La situación del cine barcelonés y español ha de entenderse en el contexto del cine europeo y en su situación de debilidad respecto al cine americano.

El panorama cinematográfico europeo se caracteriza por un creciente contraste entre unas gigantescas compañías norteamericanas y un negocio europeo de la distribución y producción mayoritariamente atomizado[3]. Las *majors* americanos ejercen un fuerte control sobre las redes de distribución mientras, que, debido a su la fragilidad, la industria cinematográfica europea tiene cada vez más dificultades en acceder a los nuevos mercados audiovisuales. El mercado televisivo europeo se polariza entre la programación nacional y regional y las películas americanas, con una emisión mínima de películas europeas, puesto que rara vez los productos audiovisuales europeos alcanzan un interés popular fuera de su mercado nacional. La fragmentación del mercado de la distribución dificulta la explotación de productos europeos debido a que las distribuidoras europeas no pueden ofrecer sus productos bajo las mismas condiciones que las americanas[4].

Como resultado de este handicap estructural, las obras cinematográficas europeas apenas se distribuyen por los nuevos canales de difusión digital, lo que debilita todavía más sus estructuras de producción. El reflejo de este desequilibrio en las cifras del negocio es muy claro: el balance del comercio audiovisual entre la Unión Europea y los Estados Unidos presenta un déficit superior a los 6 billones de dólares anuales a favor de los Estados Unidos[5]. Durante la última década, las películas americanas han captado la mayor parte de los ingresos por taquilla, con cuotas de mercado en los mercados nacionales europeos que han oscilado entre 54 y un 92%[6] al tiempo que los Estados Unidos importa cada vez menos cine europeo[7].

La precaria situación del cine europeo ha obligado desde hace tiempo a los diversos estados y a las autoridades comunitarias a intervenir con vistas a proteger y a fomentar la producción cinematográfica europea. Esta intervención, sin embargo, no está libre de discrepancias en cuanto a las líneas de actuación. Asimismo, en el debate sobre la regulación de los mercados audiovisuales, algunos estados de la UE abogan por un control más estricto y la protección del mercado europeo combinado con el desarrollo de un sector de distribución y producción independientes. Otros propugnan una liberación del mercado para garantizar el desarrollo de una industria europea fuerte y global que se pueda aprovechar de las nuevas tecnologías digitales. Estas discrepancias han tenido como resultado la exclusión de lo audiovisual del GATT[8]. Pero a pesar de la falta de consenso existe una intervención comunitaria que se expresa en la iniciativa EU MEDIA[9] y la directiva de "Televisión sin Fronteras"[10].

---

[3] El 80% de las productoras realizan una película al año y en la mayoría de los casos se trata de películas de bajo presupuesto. European Union Audiovisual Conference. Birmingham. 1998.

[4] Las películas europeas tienen bajos presupuestos publicitarios y menos copias. Además, no pueden competir con distribuidoras americanas que ofrecen paquetes de varias películas a bajo precio. Ibid.

[5] Screen Finance, 2.2.1998.

[6] Screen Digest, Agosto 1997.

[7] Han pasado de un 5% de taquillaje en 1966 a un 1% actualmente. European Union Audiovisual Observatory, 1997.

[8] GATT safeguards (MTN/FA II-A1A-14), 1994.

[9] Apoyar el desarrollo de los sectores de producción y distribución, avalando el riesgo financiero de distribuidoras y cines que distribuyen y proyectan películas europeas.

[10] (1989/522/EEC) establece el marco legal para el libre comercio de servicios televisivos en la UE con el fin de promover el desarrollo del mercado aprobado por el Parlamento Europeo en 1997 (36/CE). Esta ley garantiza los mismos derechos a una coproducción entre países de la UE y un tercero no comunitario que a una producción comunitaria que goce de los mismo derechos que una producción nacional (ley aprobada en 1986). También regula el tiempo mínimo que debe transcurrir entre el estreno de una película en el cine y en televisión. En relación con la producción, se mantiene la política de las cuotas de emisión de manera que las televisiones tienen que reservar un 51% de tiempo de difusión a obras europeas y un mínimo de un 10% para las producciones europeas independientes. Con el objetivo de formar la producción europea se introdujo la obligación para las cadenas de invertir un 5% de sus ingresos en la financiación de largometrajes cinematográficos y películas para la televisión que ha aportado un incremento muy importante del volumen

La situación en España es también crítica desde hace muchos años. El gráfico 2 ilustra esta situación:

Gráfico 2: Cuota del mercado español: cine español y cine Hollywood

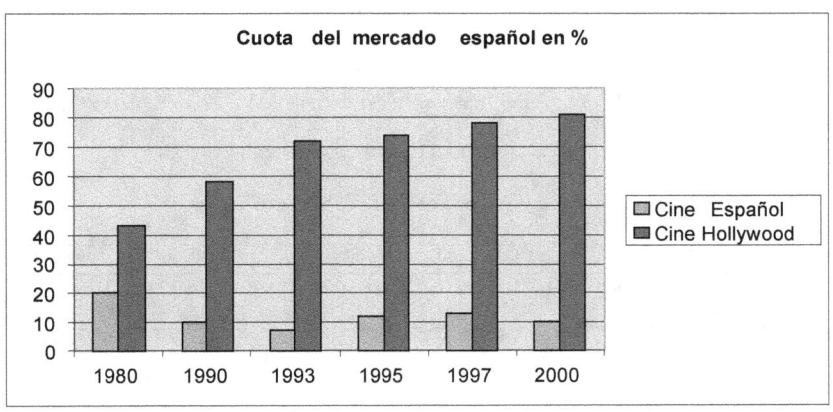

La cuota del cine de Hollywood en el mercado español entre los años 1993 y 2000 muestra un nivel alto y una tendencia creciente que va del 72% en 1993 hasta el 81% en el 2000.
La mayoría de las productoras realizaron solamente una película; en 1997, por ejemplo, sólo dos productoras - Sogetel y Lolafilms - consolidaron su relativamente fuerte posición dentro del mercado al controlar un 40% y un 20% de producción nacional, respectivamente[11]. De las 40 películas principales sólo cuatro eran españolas y cada una de ellas producida por una compañía distinta[12]; en total, únicamente ocho películas obtuvieron ganancias[13]. El sector de distribución estuvo en manos de los *majors* con tan sólo dos empresas españolas entre las 10 primeras[14]. La cuota del cine español en su propio mercado oscila entre un 7% en 1993, la cuota más baja, y un 10% en el 2000.

La intervención pública en el cine español se remonta a los años cuarenta y se caracteriza desde entonces en un mayor o menor grado de intensidad y coherencia dependiendo de la adscripción política de las administraciones. La más intensa involucración ocurrió durante la época de la censura. En aquellos tiempos, sin embargo, también se introdujeron medidas de protección contra el dominio norteamericano en forma de subvenciones y sistemas de cuotas de pantalla y distribución; desde entonces las políticas cinematográficas protectoras han estado sujetas a diversos y a veces contrapuestos cambios de rumbo.
La llegada de la democracia conllevó la liberación del mercado y la derogación de la censura igual que la cuota de pantalla como reliquia del pasado. En la segunda mitad de los años ochenta la nueva

---

en la financiación de la producción.

[11] Fuente: ICAA y FAPAE.
[12]"Airbag" (posición 8); "Carne trémula" (18); "Secretos del corazón" (30) y "El amor perjudica seriamente la salud" (33). Fuente: ICAA.
[13] Las 25 principales películas españolas ganaron 5850 millones de pesetas en taquillaje. Las cinco primeras ganaron 3545 millones: "Airbag" (pesetas 1160 m); "Carne Trémula" (785 m); "El Amor perjudica seriamente la salud" (610 m); "El perro del hortelano" (520 m) y "Secretos del corazón" (470 m). El coste promedio de producción de las 75 películas de 1997 fue de 235 millones de pesetas. Fuente: Ministerio de Cultura.
[14] Lauren Films defendió la segunda posición con 151 películas distribuidas en 1996. Primero, UIP con 153, tercero ColombiaTri-Star con 92, cuarto Warner con 68 y quinto Sogepaq (Warner, Sogecable, Lusomundo) con 43. Fuente: ICAA.

administración recuperó - como medida contra la anterior liberación del mercado- la cuota de pantalla e introdujo las subvenciones a proyectos[15]. Desde entonces la protección del mercado español se ha reducido lentamente. En 1986, la cuota de pantalla se redujo en un 50% puesto que la legislación española cinematográfica se adaptó a los estándares de la Unión Europea equiparando las películas europeas a las españolas[16]. Ocho años después, en 1994, las subvenciones generalizadas a proyectos fueron suspendidas limitándolas a los nuevos directores[17]. En 1996, la política cinematográfica redujo las subvenciones y las cuotas de exhibición y distribución en otro 50%[18]. Los más recientes cambios, expresados en un nuevo proyecto de ley del cine, prevén una gradual pero completa desaparición de la cuota de pantalla durante los años 2001–2006 y la supresión de cualquier ayuda, a excepción de proyectos de especial interés artístico, documentales y de nuevos realizadores[19]. Presentamos en la tabla 1 la historia del marco regulativo del cine español:

Tabla 1: La política de las cuotas en el cine español entre 1980 y 2006

Cuotas	1980	1986	1993	1997	2001 -2006
Cuota Pantalla	1 español x 3 no-español	1 UE x 2	1 UE x 2	1 UE x 3	Desaparece
Cuota distribución (doblaje)	5 licencias x 1 película española distribuida	4 x 1 UE	2 x 1 UE	3 x 1 y 4 x 1 (lengua oficial no castellano)	Desaparece

Fuente: Boletín de la Academia, 8.1996 y BOE de los años correspondientes.
Leyenda: UE = Unión Europea.

En 1980 la cuota de pantalla en España se fijó en la exhibición obligatoria de una película española por cada tres extranjeras, en la práctica americanas, y la de la distribución en cinco licencias de doblaje por cada película nacional distribuida. En 1986 la legislación se adaptó a los estándares de la Unión Europea equiparando películas españolas a las europeas pero fijando la cuota de pantalla en una película europea por cada dos películas procedentes de fuera de Europa al tiempo que recortaba las licencias de doblaje de cinco a cuatro por cada película europea distribuida. En 1993 esta cuota se redujo a la mitad, manteniendo la cuota de pantalla. Esta última se limita en 1997 a una película europea por cada tres extra europeas y se aumenta el derecho de doblaje de dos a tres, aumentado hasta cuatro en el caso de películas de lengua oficial no castellana, por ejemplo el catalán. Finalmente, el último anteproyecto de ley aprobado en el año 2000 prevé la total pero gradual desaparición del sistema de las cuotas en España.

La actividad cinematográfica catalana se desarrolla dentro de las condiciones europeas y españolas descritas hasta ahora pero con pautas particulares a nivel autónomo. Entre ellas destacan, primero, la especial cuota de distribución por películas distribuidas en catalán que mencionamos anteriormente. Segundo, las subvenciones de la Generalitat a producciones autóctonas en catalán; tercero, la apuesta en los últimos años por el estímulo a la producción televisiva autónoma y el sector audiovisual y, cuarto, la promoción del doblaje al catalán del cine norteamericano. Comparado con la débil situación del cine español en su mercado ante el dominio americano, la cuota del mercado del cine catalán en el periodo que va desde 1992 hasta 1995 no llegó al 1%[20]. De

---

[15] Real Decreto 3,304, 1983. BOE 12.1.84. (Denominado 'Ley Miró' en alusión a la directora de cine y RTVE, la desaparecida Pilar Miró.)
[16] Real Decreto 1257,1986. BOE. Cuota exhibición de 1 UE película por 2 no-UE películas y cada UE película distribuida gana 4 licencias de doblaje.
[17] Directores con menos de 3 películas realizadas.
[18] Cuota de exhibición: 1 película europea por cada 3 americanas; antes 1 europea por cada 2 americanas. Cuota de distribución: 3 licencias de doblaje por cada película UE distribuida; antes 2 licencias por película.
[19] Aprobado por el Consejo de Ministros el 15.12. 2000.

ilustración sirven los siguientes datos del mercado español para el año 1998: la película catalana más taquillera fue *Caricias* de Ventura Pons con 37.000 entradas vendidas, superado claramente por *Torrente* de Santiago Segura con 640.000 y ambas dominados por *Titanic* de James Cameron con 2.100.000 de espectadores[21].
La respuesta política ante esta situación nos lleva a la consideración de las administraciones culturales y subvenciones.

El cine en Cataluña, y por supuesto en España y Europa, se caracteriza por una competencia internacional muy marcada por el cine de Hollywood que se hace entendible ante la resultante debilidad estructural máxima, la necesaria, intensa y continua intervención en el sector por parte de los poderes públicos y a todos niveles: la Unión Europea, el estado español, la Generalitat y el Ayuntamiento de Barcelona.
El conjunto de las administraciones que actúan sobre el cine barcelonés son, en primer lugar, la instancia administrativa de la Unión Europea que pertenece al área europea de cultura y juventud. Esta instancia lanzó en 1990 el programa *MEDIA* seguido de *MEDIA 2* y *MEDIA plus* previsto para el año 2005. Tiene como objetivo estimular el desarrollo de la industria audiovisual europea y ha otorgado ayudas a 17 países europeos. Además existe, desde 1988, *EUROIMAGENES*, un programa del Consejo de Europa firmado por 26 países cuyo fin es la consolidación de la industria audiovisual.
En segundo lugar, la instancia administrativa que interviene a nivel nacional en el cine es el Instituto de la Cinematografía y de la Artes Audiovisuales (*ICAA*), un organismo autónomo que depende del Ministerio de Educación y Cultura y que planifica las políticas de apoyo al sector cinematográfico y a la producción audiovisual; sus principales objetivos se traducen en estímulos al fomento de la industria cinematográfica, la promoción del cine a nivel nacional e internacional y en la conservación del patrimonio cinematográfico.
En tercer lugar consideramos las administraciones de la Generalitat que actúan sobre el sector audiovisual barcelonés a nivel autónomo. Es, en concreto, la sección de Cinematografía y Vídeo de la Dirección General de Promoción Cultural perteneciente al Departamento de Cultura de la Generalitat. Su actuación sigue dos líneas: la primera mediante las subvenciones a producciones cinematográficas y televisivas en catalán, y una segunda que consiste en estimular la promoción exterior de sector audiovisual: *Catalan Films & Television*. Fue creada hace 15 años bajo la denominación de *Catalan Films* pero expandió su influencia al área de la televisión diversificando sus actividades más allá del cine con la promoción de programas televisivos. Pertenece al Consorcio Catalán de Promoción Exterior de la Cultura (COPEC). Además se está elaborando el proyecto de constitución de un *Instituto de la Industrias Culturales* con la participación de *Televisió de Catalunya* con el fin de reunir y coordinar las diferentes ramas gubernamentales que inciden en el sector.
Por último, repasamos las actuaciones de la administración de la ciudad de Barcelona. El Ayuntamiento Barcelona crea en 1996 desde el *Institut de Cultura* la agencia municipal *Barcelona Plató* con un programa específico de actuación sobre el sector audiovisual caracterizado por un triple propósito, a saber, el estímulo y la promoción del sector audiovisual barcelonés y el fomento de Barcelona como centro de producción y consumo audiovisual. Destacar que la Diputación de Barcelona no tiene una línea global de apoyo específico al cine pero respalda puntualmente programas de los ayuntamientos como por ejemplo en los casos de los festivales de cine de Barcelona [22]. A continuación describimos y analizamos los programas de apoyo de las diferentes administraciones que han incidido recientemente en el cine hecho en Barcelona.

La Unión Europea lanzó en 1990 el programa *MEDIA* con el objetivo de apoyar el desarrollo de la industria audiovisual europeo en general y los sectores de producción y distribución en particular,

---

[20] *Economia i cultura a Catalunya. Estadística bàsica.* Barcelona. Generalitat de Catalunya. Institut d'Estadística de Catalunya, 1998. Referencia y datos en: Informe per a la Catalunya del 2000. Fundació Jaume Bofill. Barcelona. 1999. pág. 622.
[21] Fuente: ICAA.
[22] Conversación con Rosa Mendoza; CERC.

avalando el riesgo financiero de distribuidoras y cines que distribuyen y proyectan películas europeas. *MEDIA* (1990-1995) ha sido seguido por los programas *MEDIA 2* (1996-2000) y *MEDIA Plus* (2001-2005). En total, *MEDIA 2* ha otorgado ayudas a 17 países europeos y contó en el año 2000 con un presupuesto de 310 millones de euros. El presupuesto de *MEDIA plus* es un 30% más elevado, 400 millones de euros, que se destinará al desarrollo, distribución y promoción de los productos audiovisuales, la conservación y conversión del patrimonio cinematográfico en soportes digitales; el programa *MEDIA Training*, con 50 millones de euros de presupuesto, está dirigido a la formación de los profesionales del sector.

La tabla 2 muestra el apoyo a proyectos barceloneses por *MEDIA* durante los últimos dos años.

Tabla 2: Apoyo de MEDIA al sector audiovisual barcelonés durante 1999 y 2000 (en euros)

Año	1999	2000	Número de proyectos en 1999	Número de proyectos en 2000	Total Proyectos
Promoción	ND	ND	2	2	**4**
Festivales	20.000	ND	1	2	**3**
Proyectos de creación	190.000	455.000	9	10	**19**
Distribución	1.130.000	711.764	18	10	**28**
Formación	334.959	334.656	1	1	**2**
TOTAL	**1.674.959**	**1.501.420**	**31**	**25**	**56**

Fuente: MEDIA; elaboración propia

La concesión de ayudas a proyectos sirve como indicador de la capacidad organizadora y logística y de visibilidad a nivel europeo de las empresas del sector audiovisual barcelonés. Entre 1999 y 2000 fueron patrocinados un total de 56 proyectos barceloneses. La tendencia es a la baja, con un 20% menos en el último año. Ello es debido, principalmente, al decremento en la distribución de películas europeas por empresas barcelonesas y no a una baja en la producción de contenidos sino más bien al contrario, puesto que mientras que los proyectos de distribución bajaron en un 44% la creación incrementó, ligeramente, en un 11%. Con el fin de contextualizar estas tendencias comparamos a continuación los datos de Barcelona con los de Madrid mostrados en la Tabla 3.

Tabla 3: Número de proyectos patrocinados por *MEDIA* en Barcelona y Madrid

Año	Número de proyectos en 1999 en Barcelona	Número de proyectos en 2000 en Barcelona	Total de proyectos en Barcelona	Número de proyectos en 1999 en Madrid	Número de Proyectos en 2000 en Madrid	Total de proyectos en Madrid
Promoción	2	2	**4**	0	0	**0**
Festivales	1	2	**3**	0	0	**0**
Proyectos de creación	9	10	**19**	17	13	**30**
Distribución	18	10	**28**	56	23	**79**
Formación	1	1	**2**	5	6	**11**
TOTAL	**31**	**25**	**56**	**78**	**29**	**120**

Fuente: MEDIA; Elaboración propia

En total los proyectos audiovisuales apoyados por *MEDIA* en Madrid entre los años 1999 y 2000 doblan al total de los de Barcelona. La tendencia en esos dos años es a la baja en ambos casos pero si nos detenemos en el último año, vemos cómo ese decremento es de un 20% en Barcelona frente al 62% en Madrid. En consecuencia, la ventaja de más de un 100% que tenía Madrid sobre Barcelona en el 1999 queda reducida en una 16% en el año 2000. Además, esta baja en Madrid se registra no sólo en el subsector de la distribución sino también en el de la creación, situación claramente opuesta a la de Barcelona, donde el último año se registró una tendencia al alta.

Veamos ahora de modo ejemplar cuáles han sido las empresas barcelonesas que se han beneficiado del programa *MEDIA 2* en los años 1999 y 2000.

Las principales empresas y acontecimientos barceloneses que han recibido apoyo son "La Jungla" que es el Mercat Europeu de Cinema i TV de Barcelona y el "EDN" (European Documentary Network) que organiza Docs Barcelona. Es un encuentro entre productoras y proyectos de documentales en el que en su último año fueron seleccionados de unos 16 proyectos de 200 presentados. También patrocinaron la 32º y 33ª edición del Festival de Cine de Sitges y la última del festival barcelonés de cine independiente *La Alternativa*.

Las principales empresas que recibieron apoyo para largometrajes fueron *Messidor Films* de Marta Esteban que produjo la película *Kràmpack* de Cesc Gay, film de un éxito rotundo entre el público y la crítica; la productora *Agotadas las Localidades* de Jordi Redíu que creó el largometraje *Tatawo* de Jordi Solé y la empresa *Oberón* de Antonio Chavarrias, quien también recibió apoyo para la producción de un documental igual que las productoras *Bailando con Todos*, *In Vitro Films* y *Parallel 40*, esta última con más fuerza en el sector de la producción documental.

En cuanto a proyectos de animación destacar *Cromosoma*, productora de *Les tres bessones*. En el subsector de la distribución se distinguen Laurenfilms, Filmax, Planeta 2010 y Sherlock Media de Cines Verdi. Además recibieron apoyo de *MEDIA* para el desarrollo de lotes de productos las barcelonesas *Cromosoma (Animación), ICC (Cine y Televisión), Ovideo tv, Parallel 40 (Documentales) y Filmax (Cine, TV)*[23]. Respecto a proyectos de formación el proyecto barcelonés para el lanzamiento internacional de series televisivas Pilots ha recibido apoyo constante de *MEDIA 2*, además de la Generalitat, TV3, el Ministerio de Cultura y el Ayuntamiento de Sitges. Se trata de un taller internacional de guiones para TV, filmes y series, que se celebra tres veces al año en Sitges y que contó con la participación de 300 estudiantes entre 1996 y 2000[24].

Además de *MEDIA* existe el programa *EUROIMAGENES* de la Unión Europea que da apoyo al sector audiovisual europeo y actúa sobre el sector de cine barcelonés. *EUROIMAGENES*, que depende del Consejo de Europa, es un fondo de apoyo con un programa de ayudas a coproducciones, su distribución y apoyo a salas de cine que exhiben películas. Desde su fundación en 1988 ha apoyado más de 700 producciones europeas entre largometrajes y documentales. Apoyó la coproducción entre España, Francia y Portugal de *La Ciudad de los Prodigios* de Mario Camus -que no ha gozado de demasiado éxito ni de público ni de crítica- producido en 1999 por el *Institut de Cinema Català* con 457.347 euros. En el 2000, Buñuel de Carlos Saura contó con una ayuda de 400.000 euros. Este largometraje es una coproducción francesa y de la productora *Centre Promotor de Imatge*. Además recibieron apoyo los cines barceloneses Verdi, Verdi Park y el Yelmocineplex, integrados dentro de una red europea de exhibición de películas europeas.

La instancia administrativa que interviene a nivel nacional en el cine barcelonés es el ICAA, organismo autónomo que depende del Ministerio de Educación y Cultura y que planifica las políticas de apoyo al sector cinematográfico y a la producción audiovisual. Sus principales objetivos son estimular el fomento de la industria cinematográfica, la promoción del cine a nivel nacional e internacional y la conservación del patrimonio cinematográfico. Sus diversos niveles de intervención se expresan en subvenciones que han estado sujetas a cambios políticos similares a las variaciones de cuota de pantalla descritas anteriormente y que han sido objeto de polémica entre los que apoyan una política cultural protectora y los representantes del mercado libre.

---

[23] Bajo el concepto de lotes de productos - Slate Funding - *MEDIA* patrocina a 40 de las empresas audiovisuales más fuertes de Europa.
[24] Pilots no hace un seguimiento de sus participantes. Por lo tanto es difícil saber cómo se han desarrollado sus carreras. Este seguimiento podría hacerse más adelante en la investigación.

A grandes rasgos, los cambios más significativos de esta política han sido, primero, la introducción de subvenciones anticipadas a proyectos del PSOE e impulsadas por Pilar Miró en 1984. Segundo, su supresión por Carmen Belloch en 1994[25] limitándolas a proyectos experimentales y a nuevos directores[26]. Tercero, la introducción de ayudas por amortización, denominado tercera vía, que subvencionan el 33% del coste de la producción hasta un máximo de 30 millones para películas que recauden más de 30 millones de pesetas en los primeros diez años desde su estreno[27]. Cuarto: en 1997, el Partido Popular introdujo cambios en la política cinematográfica que reducían las cuotas de exhibición y distribución en un 50%[28], al tiempo que fue restringido el acceso a las subvenciones sobre proyectos, limitando el número de películas realizadas por nuevos directores en un 50%[29]. Además, el mínimo de recaudación para la optatividad a las subvenciones por amortización aumentó en un 66%[30]. Quinto, la nueva ley del cine, programada para el año 2001, que prevé la gradual pero total desaparición del sistema de protección tanto de cuotas de pantalla como las ayudas automáticas, salvo si se trata de películas de nuevos directores o experimentales con un alto riesgo estético como por ejemplo *El sol del membrillo* de Víctor Erice o *Monos como Becky* del catalán Joaquim Jordá que podrían haber sido financiados íntegramente[31]. De este modo adopta la postura europea sobre el libre comercio de productos audiovisuales europeos que considera las subvenciones directas a producciones audiovisuales incompatibles con la igualdad de competencia entre los estados miembros. Así se presenta la necesidad y la posibilidad de nuevas fórmulas de apoyo como los créditos avalados por el ICAA y la cooperación con las televisiones que tienen que invertir el 5% de sus beneficios en cine y proyectos audiovisuales españoles. Resumiendo la historia de los cambios en la política de las subvenciones presentamos la tabla 4.

Tabla 4: La política de los subvenciones en el cine español entre 1984 y 2001

CONCEPTOS	1984-1989	1990-1992	1993-1995	1996-1997	2001
Subvención anticipada o a Proyectos de interés especial	Hasta 50% coste	Hasta 85 millones de pesetas	Sólo nuevos realizadores (3 películas) hasta 50 MP	Nuevos realizadores (2 películas) hasta 50 MP	Nuevos realizadores y películas experimentales
Subvención amortización (Tercera Vía)	no existía	25% taquilla o 33% de la inversión máx.100 MP	33% del coste película si alcanza 30 MP taquilla (20 MP nuevos realizadores)	25% taquilla o 33% inversión máx. 150 MP si alcanza 50 MP taquilla (30 MP nuevo realizador)	Desaparece

Fuente: Boletín de la Academia, 8.1996 y BOE de los años correspondientes.
Leyenda: MP = millones de pesetas

Las subvenciones vienen del fondo de protección y es administrado por ICAA. El presupuesto de éste es más pequeño que las subvenciones concedidas[32]. Como resultado, televisiones e

---

[25] Orden ministerial del 17.10.1994. BOE.
[26] Directores con menos de tres películas realizadas.
[27] 20 millones en el caso de nuevos directores. De las 103 películas producidas entre 1994 y 1995, 34 se beneficiaron de las ayudas mientras el coste promedio de una película era de 80 millones de pesetas.
[28] Cuota de exhibición: 1 película UE por cada 3 no-UE; antes 1 UE por cada 2 no-UE. Cuota de distribución: 3 licencias de doblaje por cada película UE distribuida; antes 2 licencias por película.
[29] De 3 a 2.
[30] Real Decreto 81/1997 (24 enero) y 1039/1997 (27 junio); 50 millones de pesetas (antes 30 m) y 30 millones para nuevos directores (antes 20 m).
[31] Según José María Otero Director general de ICAA. El País. 17.11.2000.

instituciones privadas y financieras han sido incluidas en el proceso de patrocinio[33].
A continuación evaluamos la incidencia de las subvenciones del ICAA en el sector cinematográfico barcelonés. En primer lugar veremos cómo se constituyó y a qué se destinó el presupuesto del ICAA del año 1998. En segundo lugar repasaremos los largometrajes catalanes subvencionados para finalizar comparándolos con los largometrajes que recibieron apoyo a nivel nacional.
En 1998 el ICAA destinó 400.000.000 de pesetas para ayudas a la realización de largometrajes de nuevos directores y para películas experimentales. Se reservó, también, la cantidad de 150.000.000 de pesetas para ayudar a la producción de cortometrajes. Asimismo, facilitaron 20.000.000 de pesetas para la financiación del 50% de los costes de conservación de largometrajes y firmaron un convenio con el Banco Exterior de España (BEX) para el establecimiento de una línea de financiación -avalada por ICAA- para la producción cinematográfica y para la reconversión, remodelación y creación de salas de exhibición[34].
Los proyectos de largometrajes catalanes subvencionados por el ICAA en el año 1998 fueron *Babaouo*[35] , *Em dic Sara*[36], *Subjudice*[37], *El pianista*[38] y *Tren de Sombras*[39]. Incluyendo estas cinco, 27 películas españolas recibieron subvenciones a proyectos del ICAA. Una sola película catalana, *Carícies* de Ventura Pons, llegó ese año a recibir las subvenciones automáticas por amortización frente a las 41 películas españolas que las recibieron. La tabla 5 resume el número de largometrajes subvencionadas por el ICAA. Comparado con el resto de España, la incidencia en el sector cinematográfico catalán ha sido de 6 películas sobre un total de 69, es decir, un 8.6%.

Tabla 5: Largometrajes catalanes y españoles subvencionados por el ICAA en 1998

1998	Cataluña	España	Total de largometrajes subvencionados
Subvención a proyectos	5	22	**27**
Subvenciones por amortización	1	41	**42**
Total de subvenciones	**6**	**63**	**69**

Fuentes: ICAA y Generalitat de Cataluña.

---

[32] Su presupuesto en 1998 fue de 2000 millones de pesetas y el total de subvenciones era de 3956 millones de pesetas. Fuente: Ministerio de Cultura.
[33] Los siguientes convenios fueron firmados en 1998: 1) Entre el ICAA y el Banco Exterior por un valor de 2500 millones de pesetas en forma de créditos blandos concedidos a las productoras. 2) Entre Vía Digital y FAPAE de 2.275 millones de pesetas por derechos en 1998. 3) Entre Sogecable (Canal Satélite Digital y Canal Plus) y FAPAE de 2.800 millones de pesetas para la producción de películas en 1997 y 1998 y una contribución anual al fondo de protección de 15 millones de pesetas. 4) Entre RTVE, ICO (Instituto de Crédito Oficial) y FAPAE, de 2000 millones de pesetas anuales por derechos. 5) Entre Antena 3, ICO y FAPAE de 6000 millones de pesetas por derechos. Fuente: Ministerio de Cultura.
[34] El límite del préstamo para largometrajes se fijó en 100 millones de pesetas o en un 40% del presupuesto de la película.
[35] Basado en un texto de Salvador Dalí, dirigido por Manuel Cussó-Ferrer y producido por *Kronos Plays and Films*. Pertenece al género experimental; también recibió una subvención de la Generalitat.
[36] Guión original de Dolors Payás, dirigido por Dolors Payás y producido por *In Vitro Films*. Pertenece al género drama; también recibió una subvención de la Generalitat.
[37] Guión original de Dolors Payás y Josep María Forn, dirigido por este último y producido por *Filmax* y *Films de l'Órient*. Pertenece al género drama. Recibió una subvención de la Generalitat.
[38] Guion original de Mario Gas, André Grall y Gustavo Hernández; dirigido por Francisco Rodríguez y producido por *Massa d'Or* y *Tornasol Films*. Pertenece al género drama. También recibió una subvención de la Generalitat.
[39] Guión original y dirección de José Luis Guerin. Producido por *Grup Cinema Art* y *Films 59*. Pertenece al género drama. Recibió una subvención de la Generalitat.

La administración que actúa sobre el sector audiovisual barcelonés a nivel autónomo es el Área de Cinematografía y Vídeo de la Dirección General de Promoción Cultural que pertenece al Departamento de Cultura de la Generalitat.

Su presupuesto, que empezó con 1.200 millones en 1993, se ha ido reduciendo en casi un 50% hasta llegar a 659.487.000 pesetas en 1997. Asimismo, la evolución de las becas y subvenciones al sector audiovisual han bajado de 800.000 millones de pesetas en 1993 hasta 320.795.000 en 1997[40]. Su primera línea de actuación es otorgar subvenciones a proyectos de largometrajes y cortometrajes catalanes; a largometrajes de nuevos realizadores, su distribución y exhibición; a producciones televisivas y a festivales y otras actividades de promoción del mundo cinematográfico. Recientemente, su política de subvenciones está marcada por una apuesta por la producción televisiva autónoma. La segunda línea de actuación es la promoción exterior del sector audiovisual denominada *Catalan Films & Television* y que pertenece al Consorcio Catalán de Promoción Exterior de la Cultura (COPEC). Su tercera línea de actuación es la promoción del doblaje del cine norteamericano al catalán.

Para evaluar la incidencia de la política de la Generalitat en el sector cinematográfico catalán consideramos, en primer lugar, el desarrollo histórico de los subvenciones; en segundo lugar, observamos algunos largometrajes apoyados en los últimos años y vemos qué ha sido de ellas. En tercer lugar repasamos las ayudas a festivales para seguir con un resumen de las actividades de COPEC y su incidencia en la proyección de producciones catalanes en el exterior. Por último, consideramos la política de doblajes.

En la tabla 6 vemos cuál ha sido la evolución de las subvenciones de la Generalitat a largometrajes y telefilms catalanes. Las subvenciones incluyen los conceptos proyectos cinematográficos, largometrajes dirigidos por nuevos realizadores, subvenciones a créditos, estreno, distribución y exhibición de largometrajes catalanes. Entre 1988 y 1994 las subvenciones muestran un desarrollo poco coherente marcado por significativos altibajos. En 1988 se concedieron 175 millones de pesetas en subvenciones a largometrajes catalanes que en los dos años siguientes fueron incrementados hasta alrededor de los 300 millones de pesetas. Esta cantidad se rebajó en un 200 % en 1991 para recuperarse en 1992 hasta alcanzar la cifra inicial. En 1993 volvió a descender hasta 131 millones de pesetas y en el año siguiente cayó aún más, 63.2 millones de pesetas. Fue ese mismo año, 1994, cuando se aprobó a nivel español la supresión de las subvenciones generalizadas sustituyéndolas por la tercera vía, a saber, los subvenciones por amortización. Sin embargo, las subvenciones a proyectos, a nivel catalán, se mantenían y en las subvenciones por recaudación se fijó un mínimo de recaudación para la optatividad a las subvenciones por amortización: cinco millones de pesetas recaudadas para una película en catalán en los primeros dos años desde su estreno. Esta subvención por amortización está limitada a un 17% de la inversión de la productora y es compatible con la subvención automática de un 33% del ICAA. De esta manera, una película catalana con éxito en taquilla podría recuperar el 50% de su inversión por la tercera vía.

---

[40] Esta información engloba el conjunto del universo audiovisual y así aparece en las memorias de las Área de Cinematografía y Vídeo.

Tabla 6: Desarrollo de las subvenciones de la Generalitat a largometrajes catalanes y telefilms (en millones de pesetas)

Año	Subvenciones a producción y promoción de largometrajes	Subvenciones a televisiones para la producción de telefilms y series	Total subvenciones
1988	175	-	175
1989	301	-	301
1990	259	-	259
1991	103	-	103
1992	175	-	175
1993	131	-	131
1994	63.2	-	63.2
1995	137.7	155.5	292.9
1996	57.3	155.5	212.8
1997	114.5	153.7	268.2

Fuente: INFORME PER A LA CATALUNYA DEL 2000. Fundació Jaume Bofill. Barcelona 1999. Pág.643–645
    DOGC años 1994-1999
    Memorias del Departamento de Cultura.

Las subvenciones bajan en el año 1995 a 137.7 millones de pesetas y en el 1996 cayeron de forma espectacular a 57.3 millones de pesetas. En 1997 llegaron a 114.5 millones de pesetas. Al mismo tiempo, la Generalitat empezó a subvencionar la producción de telefilms catalanes. En 1995 las subvenciones concedidas a las televisiones alcanzaron 155.5 millones, cifra que se repite en 1996; en 1997 esta cantidad bajó a 153.7 millones de pesetas. En los tres años de subvenciones a la televisión, de 1995 a 1997, el total fue de 464.7 millones de pesetas mientras que las subvenciones otorgadas a los largometrajes catalanes en el mismo periodo fue de 309.5 millones de pesetas, lo que quiere decir que las ayudas concedidas a la producción televisiva han sido un 50.14% superior a la producción cinematográfica.

Veamos ahora en detalle los largometrajes apoyados en 1998 y observamos su trayectoria en términos de recaudación y reconocimiento artístico. La tabla 7 reúne los largometrajes subvencionados por la Generalitat en el año 1998.

Tabla 7: Largometrajes subvencionados por la Generalitat en 1998

	Título	Subvención Generalitat	Recaudación en pesetas hasta 2001	Subvención automática amortización	Número de premios
1	Babaouo	1	722.843	0	0
2	Bomba de relojeria	0	621.200	0	0
3	Carícies	1	**34.205.550**	1	1
4	¡Cariño, he enviado los hombres a la luna!	0	1.771.527	0	0
5	El Far	1	3.838.550	0	0
6	El pianista	1	17.547.242	0	0
7	Em dic Sara	1	10.608.107	0	3

8	Hotel Room	1	2.648.102	0	0
9	L'abre de les cireres	1	13.002.800	0	4
10	Quince	0	**30.611.800**	1	0
11	Saïd	1	4.275.787	0	0
12	Subjudice	1	24.091.535	0	1
13	Torturados por las rosas	0	24.725	0	0
14	Tren de sombras	1	7.469.828	0	3
	TOTAL	**10**	-	**2**	-

Fuentes:Ministerio de Educación y Cultura
        Memorias COPEC
        Generalitat de Cataluña
        Elaboración propia

De los catorce largometrajes producidos en Barcelona, diez fueron subvencionados por la Generalitat, lo que significa un porcentaje del 71%. Como es lógico, en un negocio tan incierto como el de cine sus destinos han sido muy variopintos; algunos de ellos han tenido éxito con el público y un reconocimiento artístico más o menos grande. El espectro abarca desde los 30 millones hasta las 700.000 pesetas, y de los premios internacionales hasta el olvido. Se encuentran también películas que sin haber recibido subvención alguna alcanzan una recaudación en taquilla de más de 30 millones de pesetas. Es el caso de *Quince*, de Francisco Rodríguez.

La suerte y el impacto que pueden tener las subvenciones sobre el sector cinematográfico barcelonés lo ilustramos con algunos ejemplos de películas subvencionadas. Éstas son *Carícies* de Ventura Pons, *Subjudice* de Josep María Forn, *L'abre de les cireres* de Marc Recha, *Tren de sombras* de José Luis Guerin y *Hotel Room* de Cesc Gay.

Carícies, de Ventura Pons, ha superado la barrera de los 30 millones recaudados y obtuvo las subvenciones adicionales por amortización del ICAA. Este film ha sido presentado en unos 25 festivales internacionales, entre otros Berlín, San Sebastián, La Habana y Los Angeles, y ha ganado varios premios nacionales e internacionales. *Carícies*, junto a *Amic/Amat* y *Morir (o no)* forma parte de una trilogía que contribuyó al establecimiento de Ventura Pons como uno de los directores catalanes más reconocidos.

Subjudice, del veterano José María Forn, está rozando la barrera por amortización del ICAA con más de 24 millones recaudados; ganó el segundo premio del Festival de cine de Málaga y significa el reconocimiento renovado del creador cinematográfico catalán contemporáneo con una de las más extensas trayectorias profesionales, visibilidad y compromiso político.

L'abre de les cireres, de Marc Recha, y *Tren de sombras* de José Luis Guerin son películas con una cierta meta esteticista y experimental. La primera tiene, dentro de lo que cabe en el contexto barcelonés, una respuesta positiva con el público además de obtener cuatro premios internacionales, dos de ellos entregados por la crítica: el premio FIPRESCI (Federación Internacional de Prensa Cinematográfica) y el Premio de la Crítica *José Luis Guarner* de Sitges. El *Tren de sombras* no ha tenido demasiado éxito comercial pero ha sido aclamado por la crítica en dos ocasiones, el *Premio de la Crítica José Luis Guarner* y el Premio Méliès de Plata. Con ellos, Jose Luís Guerin se sitúa en campo del discurso fílmico estético en el lado opuesto a Ventura Pons.

Como último ejemplo citamos *Hotel Room* de Cesc Gay. Fue producida en un apartamento en Nueva York con un presupuesto y plan de rodaje caseros con pocos recursos y la ayuda de amigos. Su rodaje finalizó en Barcelona. Entre el público y la crítica pasó bastante desapercibida pero dio entrada a un cineasta que ha cosechado con su siguiente película *Kràmpack* más de 120.000.000 de pesetas y que ganó la sección juvenil en Cannes del año 2000.

A continuación repasamos las ayudas que recibieron los festivales de Barcelona y Sitges por parte de la Generalitat y que resumimos en la tabla 8:

Tabla 8: Subvenciones de la Generalitat a los festivales de cine de Barcelona y Sitges (en pesetas)

año	Festival de Barcelona y Festival de Sitges juntos
1993	62.500.000

año	Festival de Sitges	Variación
1994	44.500.000	
1995	45.000.000	+ 1.12 %
1996	54.000.000	+ 20.0 %
1997	22.500.000	- 58.3 %

Fuente: Institut Català d'Estadística
Elaboración propia.

El Festival Internacional de Cine de Barcelona, que originalmente empezó como Semana Internacional de Cine en Color de Barcelona, recibió únicamente una subvención de la Generalitat en 1993 y tuvo que suspenderse por falta de dinero al año siguiente. De esta forma desaparecen los premios de la Generalitat de cine[41]. En 1997 el Festival Internacional de Cine Fantástico de Sitges es renombrado y promocionado como *Festival Internacional de Cinema de Catalunya*. Curiosamente en este mismo año el apoyo de la Generalitat al festival fue cortado en más de la mitad con respecto al año anterior.

Repasamos ahora la actuación de la promoción exterior del cine catalán llevado a cabo por *Catalan Films & TV* que pertenece al Consorci Català de Promoció Exterior de la Cultura (COPEC) que depende a su vez del Departamento de Cultura de la Generalitat.
Desde el año 1986 *Catalan Fims & TV* significa el esfuerzo de la sistematización de las actividades en el extranjero de la industria audiovisual catalana y de la creación de una infraestructura logística para ella ante los mercados internacionales del mundo audiovisual. Sus actividades principales se caracterizan por la participación en festivales internacionales, presencia en los mercados especializados de cine y televisión, creación de una oficina denominada Media Antena de información, y asesoramiento sobre las diferentes ayudas europeas dentro del sector audiovisual (descritas anteriormente en el apartado de administraciones y programas europeos). Por último, la fundación de PILOTS, programa internacional para el lanzamiento de series televisivas en colaboración con Media Business School, el Departamento de Cultura y TV3 que organiza talleres de guiones en Sitges, tratados también anteriormente.
La evolución de proyecciones de largometrajes y cortometrajes catalanes en festivales y muestras internacionales en colaboración con COPEC entre los años 1994 y 1998 con la excepción de 1995, ha sido al alza, comenzando con 69 en 1994 y terminando con 87 en 1998[42]. Destaca su presencia en los festivales de Berlín, Cannes y San Sebastián así como su colaboración con el festival de

---

[41] Éstos fueron sustituidos por los Premios Nacionales de cine otorgados a Bigas Luna, Ventura Pons y Antonio Llorens.
[42] En cuanto a cortometrajes, el desarrollo ha sido más bien irregular, empezando con 22 proyecciones en 1994 que bajaron a 6 en 1995. En los dos años siguientes experimentaron una ligera mejoría para en 1998 volver a la cifra de 6 proyecciones. El universo de los cortometrajes es por definición experimental y vanguardista.

Venecia.

En referencia a la organización de muestras internacionales sobresalen las muestras de cine catalán en Quebec, La Habana, Thessaloniki y Berlín. La tabla 9 resume el número de muestras de cine catalán organizadas por COPEC entre 1994 y 1998.

Tabla 9: Número de muestras de cine catalán organizadas por COPEC entre 1994 y 1998.

	Muestras
1994	5
1995	3
1996	6
1997	7
1998	7
Total	28

Fuente: COPEC

De las 28 muestras internacionales de cine catalán, solamente una fue en un festival de categoría primicia, el de Berlín. El resto fue en festivales y ocasiones de menos peso internacional.

En cuanto a mercados audiovisuales especializados, COPEC colabora con empresas catalanas al estar presente en el *European Film Market* que se celebra paralelamente al Festival de Cine de Berlín; en el MIPTV, el MIPCOM y el Marché du Film de Cannes y en el MIFED de Milán. MIPTV y MIPCOM son mercados internacionales muy importantes de programas de televisión y vídeo que se celebran en Cannes independientemente del Festival de Cine, mientras que el Marché du Film se celebra paralelamente al festival. El MIFED tiene lugar en Milán durante la Feria y es uno de los mercados más importantes para profesionales de cine. La tabla 10 de la página siguiente muestra el número de empresas audiovisuales catalanas presentes en los mercados MIPTV y MIPCOM en colaboración con COPEC. En los dos casos el número ronda los 25.

Tabla 10: Número de empresas audiovisuales catalanas en colaboración con COPEC con presencia en MIPTV y MIPCOM entre 1994 y 1998.

	MIPTV	MIPCOM
1994	26	25
1995	23	23
1996	23	25
1997	21	21
1998	20	27

Fuente: COPEC

El doblaje de películas al catalán promocionado por la política lingüística de la administración deviene en un estímulo del cine en catalán pero que puede ir en detrimento del cine catalán. En relación con la cuota de distribución, las distribuidoras ganan el derecho a cuatro licencias de doblaje (una más que la cuota europea) por cada película distribuida en una lengua oficial no castellano, en el caso que nos ocupa, por cada película catalana distribuida puede distribuir cuatro películas extranjeras. Al igual que pasa con el cine español que tiene que competir con el cine americano doblado al castellano, el cine catalán tiene que competir con el cine americano doblado al catalán además de competir con el cine americano doblado al castellano y del propio cine español sea en versión original o doblada. El resultado de estimular el doblaje por lo tanto puede ser contra productivo en cuanto a la producción autóctona. Además, la película catalana se exhibe en condiciones menos favorables[43]; el argumento de las distribuidoras y exhibidoras es económico: la película norteamericana goza de algunas ventajas irrevocables en comparación con la película catalana, primero por ser un producto seguro (se sabe de su éxito o fracaso puesto que ya se había estrenado en el mercado de los Estados Unidos); segundo, estas películas se promocionan con grandes inversiones en publicidad y marketing y por lo tanto llegan a los mercados exteriores con una considerable ventaja sobre los demás productos. Tercero, disfrutan de un alto valor simbólico por ser productos de cine "Made in USA", cuentan con un reparto de estrellas y han pasado por el circuito de los festivales norteamericanos. Además, la estructura de la industria cinematográfica catalana está altamente atomizada y los canales de distribución y exhibición se encuentran en manos de los intereses de las multinacionales. En acorde con la política de la Generalitat, que defiende la necesidad de normalizar lingüísticamente el cine y así promocionar el cine en catalán, se elaboró el borrador del nuevo decreto de catalanización del cine, difundido por la Generalitat en junio 1998. En él se establece de forma automática, primero, el doblaje al catalán de la mitad de las películas más taquilleras, es decir las norteamericanas; segundo, la exhibición de un 25% de cine en catalán al año en todas las salas de Cataluña y tercero, y quizá la más polémica de la medidas, en caso de incumplimiento de la norma se prevén sanciones. Esta última medida se encontró con la oposición de los exhibidores y distribuidoras que la denunciaron en el Tribunal Superior de Justicia de Cataluña y que dejó sin efecto la capacidad sancionadora en una sentencia de febrero del 1999. En vista de esta sentencia y de la necesidad de negociar el coste del doblaje, la Generalitat suspendió el decreto hasta junio del 2000 e inició negociaciones con la Motion Picture Association que representa las multinacionales americanas. Antes de llegar a esta fecha, sin embargo, la Generalitat anunció en mayo del 2000 la retirada completa del decreto, volviendo así al estatus quo anterior y sin empeorar todavía más la situación del sector de la producción cinematográfica autóctona por la imposición de doblaje automático de cine, en su mayoría norteamericano. La apuesta de la Generalitat por la promoción del cine en catalán más que del cine catalán sigue estando en pie y es intrínsecamente contradictoria, puesto que no estimula la producción catalana sino que incide en la difusión de cualquier cultura cinematográfica con éxito en taquilla.

La política cinematográfica del Ayuntamiento de Barcelona sigue tres líneas. La primera se desarrolló dentro del programa de promoción del sector cultural de la ciudad, la segunda está enfocada hacia la promoción de la ciudad de Barcelona como plató para rodar películas y producciones televisivas y la última es la potenciación de Barcelona como referente de premios y del circuito de festivales. El énfasis de la política de promoción del sector cultural del Ayuntamiento de Barcelona está enfocado hacia las grandes instituciones ya existentes o en vía de renovación. Así, entre 1990 y 1996 el Liceu, el MAC/MNAC, el Palau del la Música y el MACBA han recibido la mayor parte de las subvenciones. El *Festival de Cinema de Barcelona* recibió, en comparación con estas instituciones, cantidades relativamente modestas y el soporte al sector cinematográfico desapareció del mapa con el festival en 1993. La tabla 11 compara las cantidades empleadas entre 1990 y 1996 en detalle.

Tabla 11: Subvenciones del Ayuntamiento de Barcelona al Festival de Cine de BCN en comparación con otras instituciones culturales (en millones de pesetas).

	1990	1991	1992	1993	1994	1995	1996
Festival de Cine	40	25	35	-	-	-	-
Liceo	225	473	200	478	518	410	521
MAC/MNAC	30	25	-	400	500	500	700
MACBA	-	-	-	-	50	85	320
Palau de la Música	55	79	76	73	75	50	82

Fuente: Informe Bofill, pag. 586

---

[43] Por ejemplo un lunes a la primera hora de la tarde, franja en la cual poca gente acude a los cines o después de las fiestas de Navidad. El ejemplo más reciente de esta situación es la última película de Ventura Pons que se estrenó en febrero del 2001.

En 1996 el Instituto de Cultura del Ayuntamiento creo el programa *Barcelona Plató, Barcelona de Cine* con el fin de apoyar el desarrollo del sector audiovisual barcelonés. A pesar de su nombre, *Barcelona de Cine* no se limita a producciones cinematográficas sino que apoya producciones audiovisuales de diversos tipos. En los tres primeros años *Barcelona Plató* gestionó 79 producciones audiovisuales en las cuales se invirtieron más de 6000 millones de pesetas En la tabla 12 se muestra el porcentaje según soporte.

Tabla 12: Colaboraciones de Barcelona Plató 1996-1998 según soporte

Tipo de producción	Número entre 1996-1998	Porcentaje sobre total
Cinematográfica	37	46.9 %
Televisión	25	31.6 %
Vídeo	17	21.5 %
TOTAL	79	100 %

Fuente: ICUB; Elaboración propia

Del total de producciones gestionadas, 37 fueron cinematográficas, 25 televisivas y 17 videográficas. Las producciones audiovisuales no cinematográficas fueron en su conjunto algo más alto (53.1%) que las producciones cinematográficas (46.9%).
Como muestra la tabla 13, la tendencia ha sido al alza y el apoyo a las producciones catalanas ha sido casi tres veces más alto (73.4 %) que al cine de fuera de Cataluña (26.6 %), porcentaje que se constituye entre un 10.1% de España y de un 16.5% del resto[44].

Tabla 13: Número y origen de colaboraciones de Barcelona Plató

año	producciones	Cataluña	España	Resto
1996	13	12	1	0
1997	28	23	3	2
1998	38	23	4	11
Total	79	58	8	13
% / total	100%	73.4%	10.1%	16.5%

Fuente: ICUB
       Elaboración propia

En la misma forma que lo hicimos anteriormente con la incidencia de las subvenciones de la Generalitat en el sector cinematográfico, procedemos ahora con el repaso de unas producciones asesoradas por Barcelona Plató. En 1998, cinco largometrajes catalanes listados en la tabla 14 usaron los servicios de Barcelona Plató.

---

[44] Referente a la polémica de la nacionalidad/procedencia de los filmes hechos en Barcelona o coproducidas por compañías no catalanas con sede en Barcelona, la directora de Barcelona Plató, Julia Goytisolo, opinó en una entrevista con el autor: *"Si Barcelona fuese como París no habría discusiones sobre la catalanidad de una película. Todo lo que se hiciera en relación con el cine se consideraría barcelonés."*

Tabla 14: Colaboración de Barcelona Plató en la producción de largometrajes catalanes estrenados en 1998.

	Título	Colaboración BCN Plató
1	Babaouo	no
2	Bomba de relojeria	no
3	Carícies	sí
4	¡Cariño, he enviado los hombres a la luna!	sí
5	El Far	no
6	El pianista	sí
7	Em dic Sara	no
8	Hotel Room	no
9	L'abre de les cireres	no
10	Quince	no
11	Saïd	sí
12	Subjudice	sí
13	Torturados por las rosas	no
14	Tren de sombras	no

Fuente: Barcelona Plató
          Elaboración propia

Mientras que las producciones más vanguardistas y experimentales como *Babaouo*, *L'abre de les cireres* y *Tren de sombras* no solicitaron la colaboración de Barcelona Plató, las más comerciales como *Caricies* y *Subjudice* colaboraron con ellos. Como hemos descritos anteriormente, *L'arbre de les cireres* de Marc Recha y *Tren de sombras* de José Luis Guerín son películas comercialmente flojas, premiados por la crítica. *Caricies* de Ventura Pons y *Subjudice* de Josep María Forn tienen un cierto éxito comercial medido en las subvenciones automáticas por recaudación otorgadas por ICAA y la Generalitat. De las producciones que solicitaron la colaboración de Barcelona Plató en 1998 a nivel español destaca *Todo sobre mi madre* de Pedro Almodóvar.

En cuanto a la tercera línea de actuación de *Barcelona Plató*, en primer lugar se gestionó la celebración de los Premios Goya en Barcelona en el año 2000. En segundo lugar, el Ayuntamiento ha apostado por la unificación de diversos festivales de cine de la ciudad en una iniciativa que se llama *La plataforma de festivales de cine*. A pesar de la débil situación del sector cinematográfico barcelonés, existen cinco festivales de cine en Barcelona, todos de carácter marginal comparado con el Festival de Sitges, por ejemplo, que en sí tampoco forma parte de los circuitos grandes. Ninguno de estos festivales barceloneses tiene una sala de exhibición propia y como ninguna sala de cine comercial está dispuesta a renunciar a su programación habitual para la celebración de un festival de estas características, las películas no se pueden exhibir en condiciones normales ni la celebración del festival se puede desarrollar sin grandes dificultades estructurales. La creación de la plataforma de festivales de cine todavía no se ha realizado en un espacio concreto y reconocible necesario para la realización física de esta plataforma. En cuanto a la importancia de estos festivales en el panorama internacional, y para una evaluación de su incidencia en el sector cinematográfico barcelonés, pasamos al apartado siguiente sobre los premios y festivales.

Festivales y premios

En este apartado tratamos los festivales y premios y evaluamos hasta qué punto inciden en el sector cinematográfico barcelonés. Desde esta óptica no facilitamos una lista exhaustiva y completa de todos los festivales y premios que existen en el mundo del cine, sino que sólo consideramos los que tienen alguna importancia para el mundo cinematográfico barcelonés. Para una contextualización de los festivales y premios, sin embargo, hemos considerado casi todo los que hay en la elaboración de una jerarquía de los festivales y premios pero no las hemos analizado en profundidad sino que hemos hecho una composición de lugar.

Existe una gran diversidad de premios a nivel internacional y nacional. Unos los otorgan los festivales competitivos, otros son certámenes profesionales que entregan los premios y hay también otros de carácter oficial de las administraciones. Empezamos este apartado con una breve descripción del desarrollo histórico de los festivales españoles y seguidamente damos cuenta del elevado número de festivales. Segundo, contextualizamos este elevado número en una jerarquía de los festivales y pasamos a la evaluación de los festivales y premios barceloneses. Seguidamente tratamos los premios profesionales a un lado y los oficiales, al otro. Hacemos también una comparación con los premios nacionales e internacionales y subrayamos su escasez en Barcelona. Finalmente repasamos los premios oficiales que en general son más bien pocos y averiguamos qué profesionales catalanes han sido premiados y hasta qué punto inciden los premios en el sector.

Desde principios de los años cincuenta hay numerosos festivales de cine en España a los que se han añadido, desde mediados de los ochenta, las muestras de vídeo independientes o dependientes de los festivales de cine. En 1953 aparece el Festival de San Sebastián que se estableció como el más importante festival de cine del territorio español y que pertenece al club de los cuatro grandes festivales de cine, puesto que solamente admite películas primicias como Berlín, Venecia y Cannes. Los dos últimos son los más importantes de este grupo.

Muchas veces el fenómeno del festival de cine está promovido por motivos extra cinematográficos como la promoción de una ciudad y el turismo. Por lo tanto es importante diferenciar entre estos festivales y aquéllos enfocados en la promoción del cine. Muchos festivales son marginales, funcionan más o menos con grandes problemas presupuestarios y carecen de reputación dentro de la profesión. También el número de festivales es impresionante: parece que cada ciudad tiene que tener su festival. A nivel nacional el diccionario de la Academia de Cine menciona más de cincuenta festivales en 1996[45], y a nivel internacional hemos identificado más de 500 cuya distribución aparece a continuación en una lista de festivales y premios internacionales, nacionales y catalanes con proyección mundial configurado del calendario "Movingpictures".

Tabla 15: Número de premios y festivales de cine 2000 (por mes)

Festivales / mes	1	2	3	4	5	6	7	8	9	10	11	12	**TOTAL**
Internacional	26	28	54	55	20	53	28	27	57	78	66	9	**501**
Español	0	1	1	0	1	1	0	1	1	1	5	0	**11**
Catalán	0	0	1	0	0	1	0	0	0	3	1	0	**6**
TOTAL	26	28	56	55	21	55	28	28	58	82	72	9	**518**

Fuente: Movingpictures Festival Guide 2000
        Elaboración propia.

En el panorama nacional existen premios y festivales de una gran heterogeneidad. Aparte del ya mencionado festival donostiarra destacan el Festival de largometrajes de Valladolid y la Muestra Internacional de Bilbao de cine documental y cortometraje que empezó en 1959. En 1963 aparece el encuentro de Gijón como Certamen Internacional de Cine Infantil que se convertiría en Festival Internacional Independiente a partir de 1995. El Festival de Cine Fantástico de Sitges, creado en 1968, se convirtió en el 1997 en el ambicioso Festival Internacional de Cine de Cataluña. Sin duda, es el más importante de la ciudad. El festival de Alcalá de Henares, fundado en 1970, se ha

---

[45] Ob. cit. pág. 357

consolidado como el más importante encuentro para la promoción de cortometrajes. Festivales con carácter más local, pero con cierta proyección internacional, son la Muestra de Valencia, fundada en 1980, que promociona el cine mediterráneo, y el festival de Huelva, creado en 1970, de cine iberoamericano.

La jerarquización de los festivales y premios

Hemos elaborado una jerarquía de festivales y de premios de cine (incluida en el anexo 1) basada en los siguientes puntos

-       películas que exponen (las primicias obtienen un punto)
-       categoría internacional (un punto)
-       prestigio (esta categoría se constituye a partir de ser mencionado en el Diccionario del Cine Español de las Academia o en Historia del Cine de Roman Gubern[46]. Cada mención obtiene un punto)
-       Antigüedad, que tiene dos categorías: la consolidación histórica y creación reciente.
-       Movingpictures (se constituye de un calendario internacional para los profesionales del sector cinematográfico. Lo usamos como medida de proyección internacional. La mención vale 2 puntos).

Agrupamos los festivales y premios en grupos de importancia a partir de la siguiente definición de intervalos de importancia:

Tabla 16: Formación de los grupos de importancia en la jerarquía de los festivales y premios

Puntos	Grupo
De 0 a 2	1
De 3 a 4	2
De 5 a 7	3
más que 7	4

Fuente: Elaboración propia

A partir de esta tabla llegamos a la siguiente distribución de números de festivales y premios por grupos de importancia:

---

[46] Gubern, Roman, 1989.

Tabla 17: Grupos de importancia de los festivales y premios de cine

Grupos	Número	%
1	16	23,52
2	29	42,64
3	18	26,47
4	5	7,35
TOTAL	**68**	**100**

Fuente: Elaboración propia

Como se observa, la mayoría de los festivales del cine se sitúan en la parte baja de la jerarquía. El primer grupo, formado por festivales y premios de menor importancia, está compuesto por varios festivales de la ciudad de Barcelona y los diversos premios profesionales, como por ejemplo el premio Fotogramas o el Sant Jordi. El segundo grupo, también de menor importancia, es el grupo más grande con un 42% de los festivales y premios. Aquí se encuentran los premios nacionales españoles de cinematografía y los festivales de ciudades como Praga o Edimburgo, los festivales españoles de Bilbao, Gijón, Huesca y el catalán de Sitges. El tercer grupo, de cierta importancia, está formado por los premios Goya, los franceses Cesar, el prestigioso Sundance de cine independiente, los festivales de La Havana, Montreal y Thessaloniki, el más importante festival del mundo asiático en Nueva Delhi y los premios Globos de Oro que son vistos como la antesala a los Oscar. Además aquí se encuentran los premios europeos de cine, los "Oscar de los cortos" de Clermont-Ferrant en Francia y el más importante encuentro internacional del cine documental en Amsterdam. En cuanto al cine de animación, su más importante muestra se desarrolla paralela al festival principal de Cannes. En este grupo también se incluye el prestigioso festival de anuncios publicitarios de Londres y el Mipcom de Cannes, el más importante encuentro del mundo de la ficción televisiva. En la cima, compuesto por cinco eventos, se encuentran los Oscar de Hollywood y las cuatro grandes festivales de cine: Cannes, Venecia, Berlín y San Sebastián.

Resultados de la jerarquización de los festivales y premios

- La jerarquía está dominada por un núcleo pequeño de un premio y cuatro festivales internacionales de los cuales uno es español.
- La mayoría de los festivales y premios se encuentra en la parte baja de la jerarquización. Los dos grupos más bajos suman un 66,6%.
- Solamente un festival barcelonés, el de Sitges, tiene una relativa transcendencia debido a una cierta proyección internacional, sobre todo para el cine independiente y del género fantástico.
- Aparte de Sitges, los festivales y premios catalanes carecen de importancia relativa y se concentran en la parte baja de la jerarquía.

Ante esta situación nos parece necesario reflexionar sobre la función de los festivales y premios. En primer lugar, premios y festivales son publicidad. Mirando con detalle la presencia del cine americano en los primeros puestos de la jerarquía de los festivales se puede decir que están presentes en todos los importantes con sus productos y con una gran representación de películas en competición y fuera de ella. De hecho los festivales son como una feria en la cual se presentan películas para hacer publicidad, obteniendo premios y aumentando así su rendimiento en taquilla. En el caso de los premios profesionales, principalmente los Oscar y los Goya, ser nominado y/o ganar tiene grandes repercusiones en el público. En segundo lugar, los festivales son comercio; son un mercado donde se ofrecen productos audiovisuales y se venden a los canales de televisión. En tercer lugar, los festivales son una importante ocasión de establecer contactos y mantener redes sociales. Por ejemplo, la idea de Filmax de crear la productora Fantastic Factory empezó con ocasión del festival de Sitges donde Julio Fernández, presidente de Filmax, conoció creadores americanos conocidos del género fantástico[47].

A nivel barcelonés, Sitges es el festival más importante del área metropolitana. Después vienen los otros festivales de la ciudad. Todos ellos son marginales y sirven para que los profesionales tengan donde exhibir sus películas. No disponen de un cine para la exhibición pero hay un sector de público que las ve, aunque en malas condiciones. En general no tienen mucha repercusión en la prensa ni premios ni generan mucho prestigio profesional. Dentro de este panorama, La Alternativa y el Festival de Cine Erótico son los más visitados. La tabla 18 muestra el número de visitantes a festivales:

Tabla 18: Número de visitantes a festivales

Festival 1999	Número de visitantes
BCN Cine Erótico	31.000
BCN La Alternativa	20.000
BCN Cine Gai i Lésbico	9000
BCN Cine de Dona	3000

Fuentes propias

Dentro de los premios oficiales están los premios nacionales. Históricamente tenían un gran peso político. Ahora se los otorgan a personas que hayan contribuido al mundo del cine y significan sobre todo prestigio personal y dinero. En principio el proceso de selección es abierto a todo el mundo: el ICAA propone algunos candidatos y uno de sus comités las selecciona para el premio.
Los premios de cine de la Generalitat desaparecieron con el festival de cine de Barcelona, que había empezado como festival de cine en color impulsado por los promotores de cineclub Monterols de Barcelona.[48] En los años noventa desapareció por problemas presupuestarios. Además están los premios nacionales de Cataluña que se otorgan esporádicamente. Debido a la crisis del cine catalán estos premios no tenían continuidad puesto que sólo se entregaron a veces a personas que producen cine en catalán. Lo recibieron Ventura Pons por su obra cinematográfica y Antonio Llorens de Laurenfilms por su empeño en la distribución los premios nacionales catalanes. Ahora dan premios por obras audiovisuales. El año pasado Joaquim Jorda lo recibió por su obra cinematográfica y también por haber tenido un cierto éxito con la película *Monos como Becky*. Son premios más bien locales con un interés lingüístico. También existen los premios del Ayuntamiento. Los premios de la ciudad de Barcelona[49] al mejor libro, investigación, obra audiovisual, etc. Joaquim Jorda recibió este premio por la película *Un cos al bosc* en 1996. Fuera de Cataluña no tienen mucho peso[50].
A nivel profesional, los premios Goya son los más importantes. Los otorga la Academia española de cine, que aun siendo privada recibe subvenciones e infraestructuras del gobierno. Ahora es una

---

[47] El País de las Tentaciones. 26.01.01.
[48] Ver también el apartado sobre el ámbito amateur.
[49] El premio de nacional de cine significa seis millones y el de la ciudad un millón de pesetas.
[50] Entrevista con José María Caparrós.

fundación. Hay unos mil miembros numerarios, todos del mundo del cine español e igual que en Hollywood, el derecho a voto está distribuido por gremios.

Existen, además, los premios de algunas asociaciones profesionales como el de los actores y directores de cine o de los críticos de cine y de revistas especializadas, como por ejemplo el premio Fotogramas. Asimismo están los premios de Televisión española a los mejores programas y obras de ficción, los premios Barcelona Plató, los premios Butaca y los premios Sant Jordi de Radio Nacional Catalana. De todos ellos, los premios de la televisión son los más importantes.

Como último repasamos los premios recibidos por cineastas catalanes y lo contextualizamos viendo a los dos cineastas más visibles de los últimos años a nivel catalán, Ventura Pons (que pertenece al grupo de la élite en la jerarquización propuesta en este trabajo) y a nivel español, Pedro Almodovar, figura más visible del cine español de los últimos años.

Históricamente, Francisco Rovira Beleta, importante cineasta catalán, consiguió dos nominaciones al Oscar en los años sesenta por *Los Tarantos* en 1963 y *El amor brujo* en 1967. Desde entones ningún director catalán ha sido nominado. En los premios Goya, sin embargo, el panorama es distinto aunque tampoco ninguna producción catalana haya recibido un Goya en las categorías de mejor dirección o mejor película. Las siguientes películas de Ventura Pons recibieron nominaciones Goya: *El perquè de tot plegat* en las categorías música (de Carles Cases) y de mejor guión adaptado, igual que *Actrius*, *Amic/Amat* en las categorías mejor actor, mejor actor de reparto y mejor guión. Pedro Almodovar, en cambió, recibió el Goya y el Oscar por su dirección en *Todo sobre mi Madre*. Además, y al igual que Ventura Pons, fue premiado en múltiples festivales de los cuales destaca Berlín y recibió el Cesar de la Academia francesa.

Por los demás, en la última edición de los Goya (2001), la película *Kràmpack* de Cesc Gay fue nominada en tres categorías (Mejor dirección, mejor actor relevación y mejor guión adaptado) pero no fue premiada. Laura Mañá ni siquiera fue nominada aunque participara en la última edición del festival de Sundance con su obra prima *Sexo por compasión*.

Como se ha mostrado en la jerarquización de los festivales y premios, solamente hay un festival barcelonés, el de Sitges, que tiene cierta visibilidad y proyección internacional.

A pesar de su renombramiento en 1997 como Festival Internacional de Cine de Cataluña que expresa la ambición de convertirse en un autentico festival internacional de largometrajes de todos los géneros, todavía permanece su acento en el cine independiente y fantástico. En estas categorías la cosecha de premios para producciones catalanas ante la competencia internacional es poco significativa. Sin embargo, sirve de punto de encuentro para el mundo de la producción audiovisual catalana e internacional y es por ello que incide en el sector cinematográfico barcelonés hasta cierto punto, como muestra la creación de Fantastic Factory de Filmax. A nivel internacional, Sitges no transciende el nivel de marginalidad (está en el grupo de menor importancia en la jerarquía propuesta en este trabajo). Los demás festivales barceloneses pertenecen a la marginalidad en cuanto a importancia puesto que se encuentran en el grupo más bajo de la jerarquización, y en cuanto a contenido porque exhiben en su mayoría cines de temas minoritarios.

En referencia a los premios oficiales, el más importante sería el Premio Nacional Catalán de cine que dentro del panorama internacional también tiene carácter marginal –igual que el nacional español-. Sin embargo es importante a nivel local ya que significa prestigio y reconocimiento a nivel personal que se puede convertir en una cierta repercusión de cara al exterior para el propio artista.

En cuanto a los premios profesionales, el foco de atención está en Hollywood, aunque lejos, y más próximo en Madrid, en los premios Goya. En Cataluña se nota la falta de una institución equiparable. Los premios Goya inciden mucho en el grado de reconocimiento artístico y también en la taquilla. Los demás premios de asociaciones u otros tipos de conjuntos profesionales a nivel estatal o barcelonés inciden poco en el sector cinematográfico de Barcelona debido a su poca importancia.

Institutos de conservación y estudio

En este apartado repasamos las instituciones públicas de conservación y estudio considerando las

instituciones que se dedican a la investigación, de un lado, y las que archivan y documentan el sector cinematográfico y además ofrecen servicios para facilitar su investigación, de otro.
En primer lugar nos fijamos en las filmotecas españolas y después en la filmoteca catalana, su desarrollo histórico, particularidades, dependencias administrativas y funciones, sus puntos fuertes y débiles y sus públicos. Pasamos, después, al museo de cine de Girona y sus actividades. En tercer lugar nos centramos en las diversas instituciones académicas de investigación, sus principales áreas de trabajo y expertos académicos. Más allá de sus preocupaciones académicas, algunas universidades ofrecen cursos de técnicas de realización como respuesta a la creciente demanda de un sector en plena expansión. La consideración de programas de este tipo nos llevará al siguiente apartado, las instituciones oficiales de formación.

Las filmotecas

En España las filmotecas aparecieron relativamente tarde en comparación con otros países europeos, y en contraste con muchos de ellos, se debe a la iniciativa estatal. La Filmoteca Nacional fue fundada en 1953. En sus primeros años se limitó al trabajo documental debido a su presupuesto simbólico y colaboración con algunos cineclubs. A partir de los años sesenta se inician proyecciones públicas en Madrid y Barcelona pero las carencias infraestructurales y presupuestarias perjudicaron la conservación y correcto almacenaje de las películas. La restauración de la democracia conllevó algunos cambios, tales como la recuperación y conservación del cine español, al tiempo que se inició una mayor colaboración con los festivales. La entidad se constituyó como una subdirección del ICAA aunque hoy en día sigue teniendo serios problemas presupuestarios. El estado de las Autonomías inició la apertura de nuevas filmotecas; la delegación de Barcelona se traspasó a la Generalitat y surgieron nuevos centros regionales. De estas nuevas filmotecas consiguen establecerse con programaciones estables solamente Barcelona, Zaragoza y Valencia. La última es la única que ha conseguido la publicación de una revista de renombre, Archivos de la Filmoteca de Valencia. En cuanto a su labor de recuperación y almacenaje, la filmoteca de Barcelona no ha superado los problemas iniciales por la falta de personal especializado, almacenes propios y la dependencia de los presupuestos públicos que cada vez destinan menos fondos a la filmoteca. Además las distintas filmotecas autónomas dependen para determinados servicios de la Filmoteca Española que conservaba, en el año 1998, 34.000 títulos[51]. Entre ellos se halla una parte considerable del patrimonio cinematográfico catalán cuyo retorno es reclamado por la Filmoteca de la Generalitat.
La Filmoteca catalana inició sus proyecciones de forma regular en 1963 bajo la dirección del Ministerio de Información y Turismo. Cerró en 1967 y reabrió en 1972. En 1981 se produjo el traspaso de competencias del Gobierno central a la Generalitat y en 1983 se firmó un convenio de colaboración entre filmotecas españolas que abarcaba desde las funciones de archivo e investigación hasta las de programación.
Cuando se trasladó la delegación de la Generalitat de Madrid a Barcelona la nueva filmoteca catalana no tenía archivo propio. Históricamente, Barcelona era un centro muy importante de producción cinematográfica; algunos industriales y aficionados al cine conservaron parte del patrimonio cinematográfico. Solamente con la colaboración de estas personas, como por ejemplo Miquel Porter Moix y especialmente Delmiro de Caralt y sus fondos privados, empezó la creación de un fondo. El fondo de Caralt era tan sustancial que la biblioteca de la filmoteca catalana ahora lleva el nombre de Biblioteca de la Filmoteca y Delmiro de Caralt. Algunos fondos, como por ejemplo los de la República, hasta hace poco, se hallaban en Madrid.
Desde su creación, los fondos de la filmoteca catalana han tenido una vida nómada, trasladándose cada vez que faltaba espacio; hace apenas cinco años el fondo de Delmiro de Caralt estaba en un piso de Barcelona. Ahora mismo la filmoteca está a la espera de la decisión del Departamento de Cultura de salvar los fondos de los laboratorios Fotofilm y Riera, que están en quiebra. Éstos tienen un patrimonio superior al de las dos filmotecas. La recuperación y archivo de este vasto fondo, sin embargo, desbordaría la ya demasiado pequeña capacidad de archivo de la Filmoteca catalana.

---

[51] Fuente: Diccionario de la Academia. Ob. cit. Pág. 363.

29

Aparte de esta amenaza para su capacidad limitada de almacenaje, también tiene algunos hándicaps considerables en cuestiones jurídicas y en cuanto a la programación en comparación con Madrid. En lo referente al aspecto jurídico, se trata del tema de la entrega obligatoria de copias cuando una película recibe una subvención de la Generalitat. Solamente si esto ocurre, la productora facilita una copia a la filmoteca catalana puesto que no recibe la totalidad de la subvención si no cumple con la normativa. Si la película no recibe ninguna subvención, la copia es depositada en la filmoteca española.

En cuestiones de programación y a la hora de organizar ciclos de cine catalán, en el pasado la Filmoteca tenía que confrontarse con la dificultad de hallar copias de algunas películas. Hasta cierto punto, esta situación sigue estando vigente por las razones que acabamos de mencionar: la copia de conservación se encuentra en Madrid.

Respecto al aspecto económico, el presupuesto de la Filmoteca de Cataluña es una quinta parte del de la filmoteca española y por eso las posibilidades de adquisición patrimonial son más pequeñas. La Filmoteca depende administrativamente de la EAOEF, (Entitat autónoma d'Organització d'Espectacles i Festes) que es un ente autónomo adscrito al Departamento de Cultura de la Generalitat del cual recibe sus fondos, y que funciona según derecho privado y con personal laboral. Actualmente solo dependen de la EAOEF dos centros: l'Espai (danza y música) y la Filmoteca; la EAOEF será absorbida cuando se cree el ICIC (Institut Català de les Indústries Culturals, aprobado en el mes de enero 2001). Las funciones de la Filmoteca siguen siendo salvaguardar toda la documentación cinematográfica producida en Cataluña y preservar y difundir el patrimonio audiovisual universal y de Cataluña.

En cuanto a la difusión del patrimonio audiovisual universal y catalán, hemos consultado el número de asistentes a la sala de cine de la filmoteca y la asistencia a un ciclo denominado *Cine Catalán a la Carta* organizado en las comarcas por la filmoteca en el año 1995.

Tabla 20: Asistencia a la Filmoteca de la Generalitat
Promedio de asistencia / día. 3 sesiones al día.
Aforamiento: 480 butacas. Desde septiembre 2000, 421 butacas.

Años	enero	febrero	marzo	abril	mayo	junio	julio	sept.	oct.	nov.	dic.	medio/día
1992	257	214	196	155	225	395	259	247	239	219	234	**240**
1993	298	214	217	199	152	230	245	230	241	237	210	**225**
1994	269	258	281	232	221	234	245	305	283	236	276	**258**
1995	300	317	188	232	230	229	319	367	331	308	390	**292**
1996	380	330	225	345	419	339	563	516	501	674	681	**452**
1997	439	558	429	347	374	461	638	465	482	604	578	**489**
1998	386	443	298	656	459	432	381	362	474	780	547	**502**
1999	318	348	444	492	430	363	564	337	474	588	559	**434**
2000	531	687	470	605	406	387	560	454	674	565	-	-

Fuente: Filmoteca de la Generalitat

Como muestra la tabla el promedio de público por día ha aumentado –aunque de forma irregular– de 240 en 1992 hasta 434 en 1999. En los últimos cuatro años el interés por la programación de la filmoteca ha sido más intenso que en los años anteriores, siendo continuo y estable. La incidencia en el sector cinematográfico barcelonés, por lo tanto, ha sido positiva al animar las buenas pautas del consumo cinematográfico. Actualmente, el promedio de asistencia está entre 60 y 120 por día en los ciclos de Woody Allen y Jim Jarmush, respectivamente.

En cuanto a las comarcas, las proyecciones se efectúan un día a la semana durante tres ciclos anuales que pueden constar de 6 a 12 títulos cada uno repartidos en tres trimestres por año. Las localidades son Lleida, Tarragona, Terrassa, Olot, Manresa, Girona y Vic. Entramos más en detalle sobre este aspecto más adelante en el apartado sobre la potencialidad del consumo.

Para tratar la incidencia en el cine catalán, no fijaremos en un ciclo organizado por la filmoteca durante el primer trimestre del año 1995 cuyos datos se reflejan en la tabla 21 de la página siguiente que muestran las proyecciones y el poco éxito obtenido con el público.

Tabla 21: Cine catalán a la carta

	DALÍ	ELS MARS DEL SUD	ESTACIÓ CENTRAL	HAVANERA	INNNIS FREE	JAMON JAMÓN	L'AMANT BILINGÜE	L'AULTIMA FRONTERA	LA BANYERA	LA FEBRE D'OR	LA PUNYALADA	LA TERANYINA	LES SAPARENCES ENGANYEN	MANILA	MONTURIOL	PUTA	UN NEGRE AMB UN SAXO	UN SUBMARÍ A LES ESTOVALLES	VISIONS D'UN ESTRANY	TOTAL SESSIONES	Media asistencia/total público	TOTAL
CAMBRILS	5	18		36	3	20			3		23					7	12	7		10	13	**134**
GIRONA	29			42					32	30	20	38	31		30			32		9	32	**284**
FIGUERES	27			24	27		10	20			12	16	15		25			24		10	20	**200**
LLEIDA	49			61	53	94			25			31			31		73	56	25	10	50	**498**
MANRESA	9			9		16	12				24	7	3		31		39	36		10	19	**186**
OLOT	46	14		36		15	27				25	10	28				41	18		10	26	**260**
SITGES			15				47	18	23	10		26		11			15	19		9	20	**184**
TARRAGONA	28			40	49	51	53	17			22				40		36	36		10	37	**372**
TERRASSA	68			96	80	76	36	47							98		71	75	58	10	71	**705**
VIC	3	2		8	15				18	7			5		3		17	7		10	9	**85**
TORTOSA	5		7		12	10			9	3		10		14	5			8		10	8	**83**
Promedio/día	**5**	**18**	**10**	**33**	**36**	**33**	**53**	**18**	**19**	**17**	**21**	**32**	**19**	**13**	**30**	**7**	**36**	**32**	**14**	**99**		**2991**

Fuente: Filmoteca Catalana

32

El ayuntamiento de Girona adquirió en 1994 la colección Tomás Mallol que es el inicio para la creación del Museo de Cine de Girona. Se trata de una colección privada compuesta por objetos y aparatos relacionados con el mundo y la evolución tecnológica cinematográfica. El museo-colección es una exposición permanente con un espacio de participación científica, cultural y lúdica. Su principal función es fomentar la difusión, la enseñanza y la investigación del lenguaje y la técnica del cine. Entre sus servicios se encuentran una visita comentada, un servicio pedagógico que incluye actividades relacionadas con el mundo de cine como talleres didácticos y ciclos de cine para escuelas.

A nivel universitario, y en referencia a la investigación académica, la actividad investigadora se centra básicamente en las universidades barcelonesas como la Universitat de Barcelona, la Universitat Pompeu Fabra y la Universitat Autonoma.

La investigación sobre cuestiones cinematográficas de la Universidad Barcelona -es el único centro universitario donde se marca claramente una línea de investigación cinematográfica que no está asimilada por el mundo audiovisual o de la comunicación-se lleva a cabo en el departamento de Historia Clásica, todo lo que significó la labor de Miquel Porter sobre la historia del cine catalán; otra especialización es el cine mudo que pertenece al Departamento de arte, circunstancia que les ha llevado a un enfoque más universalizado que investiga la relación entre corrientes artísticas y el cine. Al otro lado tienen en el Departamento de Historia Contemporánea el trabajo de José María Caparrós y su centro de Filmhistoria, cuya propuesta es analizar el cine como fuente histórica y usarlo como medio didáctico. También se dedica al cine como método didáctico la cooperativa Dracmagic cuyo promotor principal es José Enrique Monterde, profesor de estética del cine en la Universitat de Barcelona.

En la Universitat Pompeu Fabra, concretamente en el departamento de Estudios de Comunicación Audiovisual, Jordi Balló y Xavier Pérez investigan, sobre todo, los géneros y el lenguaje de cine. Tratan temas audiovisuales, de la televisión, el cine, internet y multimedia. En el Institut Universitari de l'Audiovisual (IUA), un centro interdisciplinario de la Universitat Pompeu Fabra dedicado a un abanico de actividades relacionadas con las tecnologías digitales de la comunicación, ofrecen cursos especializados de comunicación audiovisual y de cine documental y programas de Masters, contratando a profesionales y especialistas para cursos concretos. Actualmente, el IUA está bajo la dirección de Xavier Serra y las investigaciones se centran en los medios digitales y los nuevos lenguajes de la comunicación interactiva.

La Universitat Autónoma tiene un equipo alrededor de Roman Gubern, comunicólogo y tal vez el más productivo historiador español del cine. Aparte de investigaciones históricas, en el departamento de comunicación se dedican a la investigación bibliográfica, la formación de periodistas y la enseñanza de la comunicación audiovisual. Otorga una formación teórica y técnica que permite desarrollar la concepción, el diseño y la realización de obras y programas audiovisuales y la planificación, organización y gestión de las empresas audiovisuales.

Instituciones oficiales de formación

En términos generales la oferta de la formación pública y privada en el ámbito de cine es algo reciente. El curriculum formativo de las diferentes generaciones de cineastas nos permite establecer algunos contrastes entre ellos e ilustrar esta situación. A grosso modo, algunos de los cineastas españoles ahora considerados clásicos fueron al Instituto de Investigaciones y Experiencias Cinematográficas de Madrid (IIEC). Los cineastas de la nueva generación de los años noventa otorgan poca importancia a las escuelas; en su mayoría son autodidactas o han aprendido hacer cine mientras lo hacían. La escasa oferta pública en el pasado, y también en la actualidad, de escuelas oficiales de cine resulta en la creación de un tejido de escuelas y academias privadas muy heterogéneas en cuanto a contenidos, curriculum escolar, cualidad y reputación[52]. En Barcelona, la mayoría de ellas carece de reconocimiento oficial. El tratamiento de este tipo de escuelas se

---

[52] En un estudio anterior esta falta se comentó en Barcelona también para los años ochenta. Estudio INITS, pág. 183.

desarrollará en el apartado de escuelas privadas más adelante. A nivel oficial existen algunos centros que ofrecen cursos de diferentes grados medios y superiores dentro de la nueva formación profesional que engloba comunicación audiovisual, imagen y sonido. A nivel universitario, hay una cierta oferta de cursos de formación, entre otros, un master de guiones en la Universitat Autonoma en el Departamento de las Ciencias de Información, un master de documental que ofrece la Pompeu Fabra y cursos audiovisuales de la Universidad Politécnica de Barcelona. Además existe la ESCAC (Escola Superior de Cinema i Audiovisuals de Catalunya) que ofrece el graduado superior en cine y audiovisuales. Es una fundación y escuela privada adscrita a la Universidad de Barcelona. Empezamos este apartado con un repaso de los currículos formativos de una selección de cineastas identificados en la jerarquía artístico-profesional. Por ello exponemos primero una breve historia del IIEC de Madrid, el centro público más prestigioso de formación cinematográfica a nivel español. Segundo vemos algunos cineastas catalanes de generaciones anteriores para seguir con los más jóvenes. Tercero tratamos el tema de las escuelas oficiales de cinematográfica en Barcelona, para finalizar con las escuelas privadas. Este apartado lo enlazaremos con el siguiente: el ámbito privado.

El El Instituto de Investigaciones y Experiencias Cinematográficas de Madrid (IIEC) se constituyó en Madrid 1947 en la Escuela de Ingenieros Industriales. De su primera promoción destacan Juan Antonio Bardem y Luis Berlanga. Después de las conversaciones de Salamanca, primer congreso de cine democrático de España, en 1955 la escuela se consolida como el centro liberal creativo y a comienzos de los años sesenta surge de ella el llamado Nuevo Cine Español[53]. De las demás promociones destacan Carlos Saura, José Luis Borau, ganador de un Goya 2001 por su película *Leo,* y Mario Camus. En 1962 la IIEC es renombrada como EOC (Escuela Oficial de Cinematografía). Aquellos que formaron parte del Nuevo Cine Español se convirtieron en sus profesores. De allí salieron nuevos cineastas como Pilar Miró, Francisco Beltriu e Imanol Uribe. En 1971 la escuela se incorpora en la recién creada Facultad de las Ciencias de Información y sigue siendo un punto de referencia para la industria cinematográfica española aunque con un papel menos destacado que el que ostentó en los tiempos del Nuevo Cine Español. En contraste con la situación de Cataluña y Barcelona, donde no había un instituto de formación cinematográfico comparable y en cuanto a las demás profesiones artísticas cinematográficas, en los 27 años de su existencia hasta 1976 el IICE tuvo 1500 alumnos de los que 480 llegaron a titularse en las diferentes especialidades según vemos en la siguiente la tabla.

Tabla 22: Titulaciones del IICE

Titulación	Número
Cámaras	65
Decoradores	58
Guionistas	22
Directores	74
Actores	81
Productores	75
Técnicos de laboratorio	27
Técnicos de sonido	88
TOTAL	**480**

Fuente: Diccionario del Cine Español de la AACC

---

[53] Para una comparación detallada entre el Nuevo Cine Español de entonces y la Escuela de Barcelona ver el apartado: La tradición cinematográfica catalana.

En cuanto a los directores hemos elaborado una tabla con aquéllos que son los más importantes según nuestra jerarquía artístico-profesional (ver apartado 1.4.2.4). La tabla 23 está dividida en cuatro grupos empezando con el de los nacidos en las décadas 1910-1930, seguido de los nacidos es la década 1930-1940. El tercer grupo es de la década de los cuarenta y finalmente los que nacieron en los años cincuenta.

Tabla 23: Los cineastas catalanes y las escuelas

Director	Grupo de importancia	Escuela oficial	Escuela privada
Vicente Aranda	5	0	0
Ignacio Iquino	2	0	0
Jose Antonio de la Loma	2	0	0
Miguel Iglesias	2	0	0
Francisco Rovira Beleta	2	0	0
Antonio Isasi Isasmendi	2	0	0
Josep María Forn	3	0	0
Gonzalo Suarez	4	0	0
Jaime Camino	2	0	0
Joaquim Jorda	2	IICE	0
Jordi Grau	2	CSCR[54]	0
Francesc Betriu	3	IICE	0
Bigas Luna	5	0	0
Ventura Pons	5	0	0
Francesc Bellmunt	4	0	0
Carles Balague	4	0	0
Carles Benpar	2	0	0
Agusti Villaronga	3	0	0
Antonio Verdarguer	2	París	0
Isabel Coixet	5	0	0
Rosa Verges	3	0	0
Jose Luis Guerin	3	0	0
Antonio Chavarrias	3	0	EEAH[55]
Maria Ripoll	3	0	0

Fuente: Diccionario del Cine Español de la AACC
Fuentes propias

De los cuatro grupos observados, ninguno de los directores que conforman los dos grupos más importantes en la jerarquía artístico-profesional asistió a un instituto de formación, privado u oficial, para aprender hacer cine. El único que intentó entrar en el IICE fue Vicente Aranda que fue rechazado debido a su falta de estudios superiores. De los más visibles de los grupos de menos o ninguna importancia, solamente Joaquim Jorda y Francesc Beltriu estuvieron en la IIEC (el primero sin obtener titulación) y Jordi Grau estudió cinematografía en Roma. Antonio Chavarrias, que está dentro de un grupo de menos importancia, pasó por la Escuela de Estudios Artísticos de

---

[54] Centro Sperimentale di Cinematografia di Roma
[55] Escuela de Estudios Artísticos de Hospitalet

Hospitalet. Contrariamente a Barcelona, la situación en Madrid era distinta, puesto que había una escuela de formación oficial y además de renombre, donde asistieron los creadores más visibles del Nuevo Cine Español de los años sesenta.

Para la actualidad hemos elaborado la tabla 24 que muestra el número de directores catalanes y españoles que han estrenado película en los años noventa y el tipo de formación pública o privada recibida. En general, el lema de aprender el oficio ejerciendo de director sigue en pie.

Tabla 24: Número y formación de los cineastas de los años noventa

Directores	Número	Oficial en BCN	Oficial en Madrid	Privada en BCN	Privada en Madrid	Fuera de España	Total estudios
Catalanes	**42**	5	1	3	0	8	**17**
Españoles	**76**	0	16	0	9	18	**43**

Fuente: Espejo de miradas.
          Fuentes propias

Aquí solamente comentamos el elevado número de directores catalanes (más que la mitad del número de Madrid). El dibujo de situación profesional de la mayoría se completa en los apartados sobre la débil creación cinematográfica barcelonesa. En cuanto a la incidencia de las escuelas oficiales en el sector cinematográfico, ha sido relativamente bajo. En Barcelona un 11,9% y en Madrid un 21% de los realizadores nuevos han ido a una escuela oficial. Menos incidencia todavía tienen las escuelas privadas en cuanto a los directores: sólo un 7,1% en Barcelona y un 11,8 % en Madrid han asistido a una escuela privada.

Más importancia para el sector cinematográfico de las dos ciudades han tenido los centros de formación en el extranjero, sobre todo París, Londres y Nueva York. Un 19% de cineastas se marchó al extranjero desde Barcelona y un 23,6% desde Madrid para estudiar cine.

La oferta pública barcelonesa

La oferta pública barcelonesa se desarrolla principalmente, a falta de una escuela oficial consagrada de cine, en algunas universidades y sus departamentos de comunicación audiovisual, en centros privados de formación profesional adscritas a la Generalitat o en la ESCAC, escuela privada adscrita a la Universitat de Barcelona. Repasamos primero las instituciones universitarias, sus titulaciones y especialidades y segundo dirigimos nuestra mirada hacia la formación profesional en centros privados adscritos a la nueva formación profesional de la Generalitat. Con ello entramos en el sector privado donde, entre muchas escuelas, evaluamos la ESCAC y su importancia para el sector cinematográfico barcelonés.

La Universitat Autònoma de Barcelona oferta en su Departamento de comunicación una licenciatura de comunicación audiovisual que ofrece una formación teórica y técnica que engloba el aprendizaje de las características expresivas, narrativas y tecnológicas de los lenguajes radiofónico, televiso y cinematográfico. Además comprende el análisis de los medios de comunicación audiovisuales y la práctica en sus laboratorios informáticos y audiovisuales donde se puede aprender la producción y realización de programas audiovisuales, imagen y sonido fílmico, teoría y análisis cinematográfico y de la postproducción audiovisual, lenguajes específicos en medios audiovisuales en catalán y la producción de programas de entretenimiento, de animación, de vídeo, de televisión interactiva y ficción televisiva y cinematográfica.

La Universitat Pompeu Fabra creó recientemente el Institut Universitari de l'Audiovisual (IUA) que es un centro que complementa el también recién creado Departamento de Comunicación Audiovisual con aspectos más tecnológicos del audiovisual. Sus actividades docentes están relacionadas con el Departamento de Periodismo y Comunicación Audiovisual y con el Departamento de Tecnología de la UPF. Se imparte un Master de Documental y cursos en colaboración con el IDEC como el Master en Artes Digitales, el Master en Animación o el diploma de postgrado de Entes e Ideas para la Interactivitad en Internet. Se hacen producciones propias del ámbito del audiovisual interactivo, animación por ordenador y la música electrónica.

La Universitat Ramon Llull ofrece en colaboración con LaSalle los siguientes cursos: gestión de las tecnologías de la información, aplicaciones multimedia y telecomunicaciones corporativas. Como hemos descrito antes en el apartado de las instituciones oficiales de conservación y estudio, la Universitat de Barcelona no ofrece una formación práctica cinematográfica, sino que la oferta se desarrolla en colaboración con ESCAC. Ésta, por ello, goza de una reputación sustentada por la Universitat de Barcelona. De las demás instituciones, la Universitat Autònoma y la Universitat Pompeu Fabra son las más prestigiosas y el programa de estudios de la primera es más extenso que el de la segunda.

En general, los estudios se rigen por la demanda de un sector audiovisual que incorpora las nuevas tecnologías puesto que allí es donde se necesitan especialistas en el futuro. Así pues, el cine está asimilado también a nivel universitario práctico y no solamente teórico en el mundo de la comunicación audiovisual.

2.2. El ámbito privado

Este apartado está enlazado con el anterior puesto que continúa tratando las escuelas de cine. Esta vez, sin embargo, nos fijamos en el ámbito privado que sigue una lógica bien distinta al ámbito público, a saber, la lógica del mercado. Comenzamos el análisis con la oferta de formación audiovisual de los centros privados que se anuncian en la guía profesional audiovisual *Cineguía 2000*[56]. Comparamos la oferta de Barcelona con la de Madrid, su desarrollo histórico y su aglomeración geográfica en las ciudades. A continuación identificamos la estructura de la oferta barcelonesa y describimos dos escuelas de prestigio de Barcelona. Terminamos evaluando la importancia de la oferta para el sector cinematográfico barcelonés.

La oferta de centros privados no homologados

El último plan estratégico de Barcelona diagnostica que ha habido un auge de las escuelas privadas. Por ello pasaremos a una descripción cuantitativa y cronológica   de su oferta. Para tal propósito hemos consultado y comparado la oferta de escuelas audiovisuales en la guía profesional Cineguía 1990 y 2000[57]. La tabla 25 corrobora el diagnóstico del plan estratégico anterior y además pone en relieve las diferentes tendencias en las dos ciudades.

Tabla 25: Número de escuelas audiovisuales que se anuncian en la guía   profesional audiovisual Cineguía

	1990	2000	Variación en %
Barcelona	11	16	+ 45.45
Madrid	17	45	+ 164.70

Fuente: Guías Cineguía 1990 y 2000; Elaboración propia

La tendencia de la oferta audiovisual de las dos ciudades es a la alza. Este fenómeno se debe a la reciente expansión generalizada del mundo audiovisual, de las tecnologías de comunicación y de la resultante demanda por la producción de contenidos culturales.

Para observar el grado de concentración de este tipo de negocio en las ciudades hemos introducido como factor geográfico las áreas metropolitanas de Barcelona y Madrid. El resultado refleja en la tabla 26 que hay una concentración casi absoluta a favor de ellas con una concentración de las escuelas de un 87.5% en la ciudad de Barcelona y de un 93.3% en la ciudad de Madrid.

Tabla 26: Número de escuelas audiovisuales que se anuncian en la guía profesional con localización en las ciudades y en las áreas metropolitanas

Año 2000	TOTAL	Ciudad	Área metropolitana	% ciudad
Barcelona	16	14	2	87.5 %
Madrid	45	42	3	93.3 %

Fuente: Cineguía 2000
    Elaboración propia

[56] En cuanto a la exhaustividad y representatividad de los registros de Cineguía 2000 efectuamos una comprobación más detallada en el apartado siguiente: "los profesionales". El resultado fue que una clara mayoría de los profesionales se anuncian en sus páginas.
[57] El término escuela audiovisual proviene de la inclusión bajo este epígrafe de escuelas de cine, de vídeo, de realización televisiva, etc. que corresponde a la oferta la descripción de los programas que ofrecen.

Aparte de los que se anuncian en la guía profesional hemos consultado la *Guía d'Ensenyaments no reglats* de la Generalitat[58]. La enseñanza no regulada no culmina en ninguna titulación académica pero la administración autónoma otorga a algunos cursos específicos un Diploma de asistencia. En la guía figuran 60 centros privados no homologados de la enseñanza audiovisual. En cuanto a la estructura de la oferta, por norma general, está completamente abierta e independiente de la capacidad real de los centros. La oferta de una escuela cualquiera puede ser un indefinido abanico de cursos y la gran mayoría de los centros ofrece alrededor de veinte especialidades[59]. Pocos centros de enseñanza audiovisual apuestan por un tipo determinado de formación especializada. Es el caso del cine de animación y animación digital aunque su formación tiende a estar incluida en los estudios de centros de informática como especialización de animación 3D[60]. La diversidad de oferta de las escuelas está motivada por la intención de atraer el máximo de alumnos y por la debilidad del sector audiovisual que ofrece salidas profesionales muy diversas pero poco concretas. Prueba de ello es que la oferta en animación es especializada y relativamente amplia pues el sector de animación es un subsector fuerte de la producción audiovisual barcelonés: de las seis productoras europeas más fuertes de animación, tres son de Barcelona: D'Occon Films, Neptuno Films y Cromosoma[61].

Como ejemplos ilustrativos de las escuelas privadas más importantes consideramos dos marcadamente distintas desde del aspecto formal. La primera es el Centre d'Estudis Cinematogràfics de Catalunya (CECC) y la segunda es la Escola Superior de Cinema i Audiovisuals de Catalunya (ESCAC).

El Centre d'Estudis Cinematogràfics de Catalunya es una escuela privada fundada junto a la productora Grup Cinema-Art, S.L. hace 15 años en Barcelona. En los dos últimos años contaron con 600 alumnos. El programa de estudios no homologados ofrece comprimido en tres años todas las ramas artísticas y técnicas del medio audiovisual, es decir, la dirección y el guión cinematográficos, el montaje y sonido, la operación de cámara y dirección de fotografía y la interpretación. En sus 15 años de actividad, el centro ha producido más de 10 largometrajes y más de 100 cortometrajes. El más exitoso largometraje –relativamente– ha sido *Tren de Sombras* de José Luis Guerin, director que también imparte clases en el centro[62].

En la temporada 1999-2000 se produjeron 2 largometrajes y 14 cortometrajes; algunos de ellos cuentan con subvenciones del MEC, de la Generalitat y del Gobierno de Navarra. En cuanto al reconocimiento artístico, una de los largometrajes, *Una cierta mirada,* ha sido seleccionada en la Sección Oficial de Cannes. Por lo demás destacan el primer premio del Festival Internacional de Cine Documental de Amsterdam, el Méliès de Plata y Premio de Crítica en el Festival de Cine de Cataluña, el Premio Sant Jordi y un Premio de Nacional de Cataluña. Referente a los cortometrajes, la cosecha ha sido la selección en varios festivales internacionales donde destaca el Festival Internacional de Karlovy Vary de Praga, el Festival de Cine de Alcalá de Henares y el Festival de Cortometrajes de Clermont-Ferrand en Francia. Con la excepción de este último que está considerado como "Los Oscar de Cortometrajes", una selección oficial de Cannes y dos

---

[58] http://www.xtec.es/incanop/principal/icnp3.htm
[59] Un ejemplo ilustrativo es la oferta de los siguientes cursos en el mismo centro: doblaje, grabación y montaje de spots publicitarios, producción y postproducción de cine, vídeo y televisión, guion cinematográfico o/y televisión, locución y presentación de televisión, monitor de radio, operador de cámara, producción radiofónica, difusión radiofónica, realización multicámara, sistemas acústicos, sonido digital, sonido profesional, sonorización y montaje, televisión de alta definición, televisión digital.
[60] Hay 30 centros de formación de informática que ofrecen esta especialidad. Comparado con el número de centros de formación audiovisual, representa la mitad.
[61] Fuente: Cartoon/Screen Digest Diciembre 2000. Más información en el apartado del mundo de animación.
[62] Utilizamos el término 'relativamente' pues aunque ha conseguido un amplio reconocimiento por la crítica y le avalan premios, la respuesta del público, sin embargo, ha sido poca y en la jerarquía artístico-profesional el director pertenece al grupo de menos importancia.

nominaciones a los premios Goya[63], las selecciones y premios conseguidos por largometrajes y cortometrajes han sido de menor importancia[64]. En lo referente al coste de los estudios, el precio anual de los cursos era de 565.000 pesetas anuales para el programa que empieza en el año 2000.

La Escola Superior de Cinema i Audiovisuals de Catalunya (ESCAC) es un centro universitario de formación en las artes y las técnicas cinematográficas y audiovisuales. Su actividad originó en la formación de técnicos en el 1987 llevado a cabo en el Centre Calassanç que consiguió su adscripción a la Universitat de Barcelona mediante la creación de un Graduado Superior, título que se imparte desde el curso el 1994. En el mismo año se constituyó una fundación privada con el nombre de Escola Superior de Cinema i Audiovisuals de Catalunya, centro adscrito a la Universitat de Barcelona[65]. El centro imparte una formación que comprende la producción, el guión, la dirección, la imagen, el montaje y edición, el sonido y la dirección artística. Siendo una graduación superior, la docencia se desarrolla a largo de cuatro anos y es de 300 créditos académicos. La admisión es restringida y se efectúa a partir de las pruebas de acceso a la universidad y de la comisión interna de la ESCAC. El número total de licenciados en los últimos dos promociones ha sido de 120. En cuanto al coste, el precio anual es algo más de 200.000 pesetas.
En cuanto a la última promoción, del reconocimiento artístico de los cortometrajes realizadas por alumnos de la ESCAC destaca la selección en varios festivales internacionales entre otros el Festival Internacional de Karlovy Vary de Praga, el Festival de Cine de Alcalá de Henares y el Festival de Cortometrajes de Clermont-Ferrand en Francia. Además había una nominación a los premios Goya[66] y el tercer premio del Primer Concurso de Cortometrajes Versión Española de RTVE.[67]. Las demás selecciones y premios conseguidos por los cortometrajes han sido de menor importancia[68].
En resumen hemos elaborado la tabla 27 que muestra las principales características de las dos escuelas:

Tabla 27: El CECC y la ESCAC en comparación

	CECC	ESCAC
Tipo de enseñanza	no homologada	Homologada (grado superior)
Acceso	libre	restringido (selectividad)
Antigüedad	desde 1985	desde 1987
Alumnos en 1998-2000	600	120
Precio anual en pesetas	565.000	204.000
Formación en años	3	4
Número de especialidades audiovisuales a grandes rasgos	7	7
Reconocimiento artístico (nominaciones y premios de sus producciones)	de poca importancia	de poca importancia

Fuentes propias
En cuanto a la evaluación de la importancia de la oferta privada para el sector cinematográfico

---

[63] Por los cortometrajes *Patesnak. Un Cuento de Navidad* y el documental *El olvido de la Memoria*, ambos en coproducción con Triper & Zapin Zinema y dirigido por Iñaki Elizalde.
[64] Nos referimos a la jerarquización de los festivales y premios elaborados en este trabajo.
[65] El patronato de la fundación está compuesto por los siguientes entidades: Fundació Bosch i Gimpera; Escola Pia de Catalunya, Ajuntament de Sitges, Cinemetraje Riera y Fotofilm S.A. (las dos en quiebra), LUK international, S.A., Sufosa y Filmax. Además cuenta con la colaboración de las siguientes instituciones y empresas: Departament de Cultura, MEC, TV 3, ACEVIP, Institut del Teatre, Filmoteca catalana y varias asociaciones profesionales del mundo audiovisual.
[66] por el cortometrajes *Backroom* de Guilllem Morales.
[67] por el cortometraje *Mis Vacaciones* de J.A. Boyone.
[68] Nos referimos a la jerarquización de los festivales y premios elaborada en este trabajo.

barcelonés hemos llegado a los siguientes conclusiones: en primer lugar, la incidencia de la escuelas privadas en las trayectorias artísticas de los jóvenes directores de cine de los años noventa que han conseguido un cierto reconocimiento artístico y recaudación en taquilla ha sido mínima como hemos visto en el apartado anterior (solamente un 7,1% de los nuevos directores barcaloneses ha ido a una escuela privada). En segundo lugar, cabe subrayar que las escuelas privadas carecen de reconocimiento artístico-profesional, reflejado en los pocos premios importantes conseguidos por las producciones propias. Ante esta falta de reconocimiento, y en tercer lugar, los elevados precios de la formación audiovisual parecen desproporcionados dada la debilidad estructural máxima del sector cinematográfico y relativa del sector audiovisual barcelonés que resulta en una alta inseguridad de salidas profesionales. Incluso en la ESCAC, que ofrece una licenciatura y que es relativamente barata, el coste es 1.5 veces más alto por crédito que el coste vigente de la formación universitaria barcelonesa[69]. Los Master de Pompeu Fabra en Animación y Artes Digitales son de 715.000 y de 950.000 pesetas, respectivamente, y el coste de la formación ofrecida en el CECC puede superar las 1.500.000 pesetas. Como carecen de un claro reconocimiento artístico-profesional, el valor de sus diplomas y titulaciones es tan variable como su reputación y da pie a una inserción en el mundo laboral de carácter muy heterogéneo. En cuarto lugar, la limitada incidencia de las escuelas privadas en el sector cinematográfico es aún más minimizada por la misma debilidad estructural del sector de cine que tiene una demanda limitada de especialistas. Estos profesionales revierten en el sector audiovisual en general y en los subsectores más fuertes como la producción televisiva o la animación[70]. Por último, las escuelas no se liberan de deficiencias significativas en cuanto a su infraestructura. En relación con la formación de profesionales en el subsector de animación, donde podrían tener una incidencia mayor a nivel técnico, la mayoría de las escuelas audiovisuales no puede asumir los elevados costes del material didáctico. Por lo demás, el énfasis en el lado práctico de los programas muchas veces está limitado en su realización por cuestiones tan básicas como el espacio. Incluso una escuela de relativa importancia y reputación como la ESCAC se beneficiará en este aspecto al marcharse de Barcelona para ubicarse en un nuevo edifico más grande cedido por el ayuntamiento de Terrassa.

Los profesionales

En este apartado dimensionamos y evaluamos el plantel de profesionales técnicos y artísticos del mundo cinematográfico y del universo audiovisual barcelonés y lo comparamos entre sí y con la situación de Madrid, el centro de producción cinematográfica española. Seguidamente pasamos a la jerarquización artístico-profesional de los directores de cine catalanes como ejemplo de un conjunto de artistas del universo de cine.

Como acercamiento a los profesionales del mundo audiovisual hemos consultado a la anteriormente citada trigésimo octava edición del anuario español del espectáculo y audiovisuales *Cineguía 2000*. Para revisar la representatividad y exhaustividad de sus registros hemos llevado a cabo dos comprobaciones. Primero, hemos contrastado sus anunciantes con las listas elaboradas a partir de los repartos profesionales de los estrenos de las películas catalanas de los últimos cinco años y hemos averiguado que más de un 50% de éstos se anuncian en la guía[71]. Segundo, confirmamos que a nivel español encontramos representados profesionales consagrados igual que nombres de profesionales poco conocidos. Por ejemplo entre los directores de cine se anuncian Pedro Almódovar, (ganador del Oscar el año pasado), y Ventura Pons (uno de los directores catalanes más visibles últimamente) y entre los actores Javier Bardem (Nominado al Oscar 2001) o la actriz catalana Ariadna Gil en compañía de muchos otros conocidos y menos conocidos.

---

[69] 300 créditos en la ESCAC cuestan 815.000 pesetas que equivale a aproximadamente 2.700 pesetas el crédito mientras el coste de una licenciatura de 300 créditos en la Universitat de Barcelona es actualmente de 320.000 pesetas, lo que equivale a 1066 el crédito.
[70] La ESCAC practica un seguimiento profesional de los estudiantes de sus promociones. Una interpretación detallada de esta documentación se hará en la segunda fase de esta investigación.
[71] Dicha elaboración se basa en la documentación que facilita el MEC sobre las películas estrenadas en España y de la información de COPEC.

Esta heterogeneidad y la comprobación de que una clara mayoría de los profesionales catalanes que estrenaron película entre 1995 y 2000 está presente, nos permite evaluar el grado de exhaustividad de los registros de la Cineguía como representativo del conjunto de los profesionales del sector audiovisual español.

Partimos de la base sólida de un buen plantel de profesionales, técnicos y artísticos en Barcelona. Esta valoración ya se hizo en un estudio anterior[72], se confirmó por el último Plan Estratégico de Barcelona, además de ser corroborado por las entrevistas llevadas a cabo a lo largo de esta investigación y en las opiniones de los profesionales expresadas a menudo en entrevistadas por la televisión, en la prensa o publicaciones especializadas[73].

Esta favorable situación se ve distorsionada, sin embargo, por la extrema debilidad de la producción cinematográfica, analizada más adelante, que lleva a los profesionales de la ciudad a derivar hacia otros ámbitos de trabajo más consolidados, como la televisión, la publicidad, la animación o el vídeo, o bien les hace gravitar hacia Madrid, la Meca cinematográfica española. La distribución entre Madrid y Barcelona de los diferentes registros de profesionales que aparecen en el directorio de Cineguía 2000 pone en relieve esas tendencias: El gráfico 4, de la página siguiente, muestra esa inclinación hacia Madrid en los registros "profesionales técnicos y colaboradores artísticos del universo audiovisual" y "profesionales artísticos del mundo cinematográfico".

Gráfico 3: "Profesionales técnicos y colaboradores artísticos del universo audiovisual" y "profesionales artísticos del mundo cinematográfico" en Barcelona y Madrid.

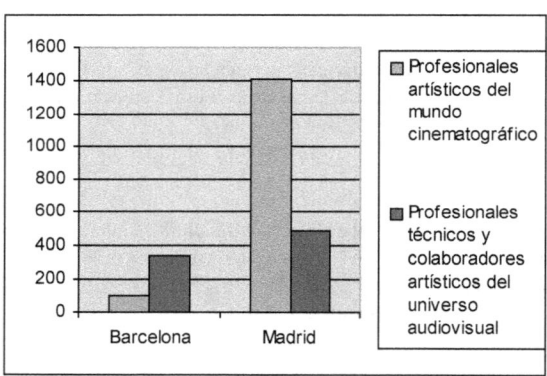

Fuente: Cineguía 2000
        Elaboración propia.

La comparación entre Barcelona y Madrid favorece claramente a la última en cuanto a profesionales artísticos: su registro es mucho menor en Barcelona que en Madrid. Referente a los profesionales técnicos, el desequilibrio entre las dos ciudades es significativamente menor. Veamos en la tabla 28 de la página siguiente estos últimos registros en detalle.

---

[72] Estudio Inits. Ob. cit.

[73] En una entrevista publicada en el Anuario SGAE, 1999, pág. 239, Ventura Pons expresa la siguiente valoración: *"El sector (audiovisual) en su conjunto está muy bien, hay profesionales muy competentes, hay una industrias auxiliares que trabajan muy bien y hay unos productos que, cuando se colocan en los medios televisivos, funcionan extraordinariamente".*

Tabla 28: Profesionales técnicos y colaboradores artísticos del universo audiovisual en Barcelona y Madrid

	Barcelona	Madrid
Ayudantes	4	20
Auxiliares dirección	0	9
Productores ejecutivos	7	21
Directores producción	13	73
Ayudantes producción	9	24
Directores fotografía	25	75
Operadores camera	4	18
Ayudantes camera	2	26
Fotógrafos de escena	3	12
Directores artísticos	7	22
Maquilladores	15	60
Técnicos sonido	7	29
Realizadores vídeo	7	9
Realizadores TV	**118**	**31**
Editores de vídeo	2	5
Ayudantes vídeo	8	11
TOTAL	**336**	**483**

Fuente: "Cineguía 2000"
        Elaboración propia

Como acabamos de comentar, la distancia entre Barcelona y Madrid en cuanto a profesionales técnicos no es muy grande, hecho que puede ser interpretado como un claro indicador de la fuerza del sector audiovisual barcelonés; en este sentido cabe resaltar la especial abundancia de realizadores de televisión en Barcelona.

En cuanto a los profesionales artísticos del mundo cinematográfico, veamos a continuación en la tabla 29 su registro en el anuario español del espectáculo y audiovisuales.

Tabla 29: Profesionales artísticos del mundo cinematográfico

	Barcelona	Madrid
Autores y guionistas	10	74
Directores largometrajes	26	124
Directores cortometrajes	0	8
Directores reparto	1	8
Secretarios rodaje	4	22
Actores	32	638
Actrices	35	579
TOTAL	**103**	**1450**

Fuente: "Cineguía 2000"
        Elaboración propia.

La baja proporción de profesionales artísticos del mundo cinematográfico en Barcelona que la tabla muestra puede ser interpretada como el resultado de su gravitación hacia Madrid y hacia otros sectores de actividad.

En el caso de los actores, parece conclusivo que el bajo número que aparece en Barcelona está relacionado, por un lado, con la existencia de una boyante y brillante escena dramática tanto en teatro como en el serial televisivo, por cuanto ésta atrae a los actores y los desanima a intentar acceder al débil mundo cinematográfico barcelonés. Por otro lado, obedece a la propia atracción madrileña, que sustrae a algunos del ámbito barcelonés como en el caso de Juanjo Puigcorbé, Ariadna Gil o Sergi López, aunque éste último alcanzó un cierto reconocimiento artístico en Francia primero y ahora trabaja también en Madrid.

En el caso de los directores, la situación es similar: a un lado hay conocidos directores que combinan el cine con trabajo en otro ámbitos como el teatro o la publicidad, por ejemplo Ventura Pons que al principio de su trayectoria profesional trabajaba en el ámbito teatral o Isabel Coixet que combina el trabajo en publicidad y de cine. Por otro lado, algunos directores con éxito se trasladan a Madrid como Gonzalo Suárez o Vicente Aranda, ambos después de etapas reconocidas en Barcelona.

El dimensionamiento y la comparación del universo profesional del mundo artístico cinematográfico a un lado y del campo técnico audiovisual al otro han mostrado que, primero, existe un desequilibrio respecto al primero entre Barcelona y Madrid que favorece enormemente a esta última. Segundo, la distancia entre las dos ciudades en cuanto al mundo audiovisual no es tan grande sino más bien cercana. Tercero, esta situación documenta la relativa fortaleza del sector audiovisual barcelonés.

Como la proyección artística más allá del contexto barcelonés depende principalmente de la dinámica jerarquizadora del mundo artístico en cuestión pasamos, por lo tanto, a la elaboración y análisis de la jerarquía artístico-profesional de un conjunto de profesionales para ilustrar esta dinámica empleando ejemplos de los directores cinematográficos catalanes.

La jerarquización del sector cinematográfico

En este apartado hemos elaborado unas jerarquías artístico-profesionales de los directores del cine barcelonés que representan el lado artístico creativo en la dicotomía entre arte e industria de la producción cinematográfica. Estas jerarquías se establecen según una serie de criterios propios del medio con el fin de diferenciar los grupos de menor y mayor profesionalidad y reputación. La identificación de estos criterios sigue la lógica interna de la jerarquización real del sector y se constituyen, en el caso del sector cinematográfico barcelonés, a partir de aspectos económicos y artísticos[74]. Comenzamos con la jerarquía de los directores barceloneses y más adelante, en el apartado sobre la producción, trataremos las productoras.

Se han elaborado dos jerarquías de los años 1975 hasta el año 1996 y una segunda de 1995 hasta el 2000, considerando en esta última la importancia de las trayectorias profesionales de los directores establecida en la anterior[75]. Para establecer el orden jerárquico se han asignado una serie de puntos según los siguientes criterios y variables:

---

[74] Ver también Moulin (1992), Rodriguez-Morató (1995) y a Rius-Ulldemolins (2000). El primero estableció una jerarquía para segmentar la población de los artistas plásticos y analizar sus trayectorias profesionales; el segundo también la utilizó para segmentar la población, en ese caso de los compositores españoles contemporáneos y el tercero para definir una muestra representativa de las galerías de arte de Barcelona para analizar su distribución geográfica.

[75] Naturalmente había directores catalanes del cine muy importantes que empezaron antes del 1975 como por ejemplo Francisco Rovira Beleta, Ignacio F. Iquino o Josep María Forn. Su transcendencia para una jerarquización de actualidad, sin embargo, disminuye igual que al otro extremo del espectro algunos recién llegados como Isabel Gardela o Cesc Gay. En este sentido una jerarquía de este tipo siempre es una foto fija de un proceso. Desde la perspectiva sociológica lo que se pretende es establecer la estructura del campo artístico a través de la segmentación del sector en grupos de diferente grado de profesionalidad.

- El número de películas estrenadas
- El número de espectadores
- Mención en el último diccionario de la Academia del Cine Español
- El número de subvenciones conseguidas
- Reconocimiento artístico en premios y festivales
- Trayectoria profesional

Para delimitar la población de los directores de cine catalán partimos del *Diccionari de llargometratges catalans* de Ángel Comas que trata los largometrajes catalanes producidos desde 1975 hasta 1996[76]. En nuestra jerarquía hemos limitado su censo a aquellos directores que han estrenado como mínimo un largometraje entre 1975 y 1996. Para la elaboración de la segunda jerarquía se añadió el nombre de los directores que estrenaron películas entre 1995 y el 2000 y que no estaban en la anterior jerarquía. Esta información se extrajo de COPEC[77]. Así, la segunda jerarquía incluye también directores de la primera que no han estrenado películas en la segunda época. El ICAA publica en su página web información sobre películas estrenadas, recaudación, subvenciones, número de espectadores, profesionales y premios conseguidos pudiendo, también, obtener datos detallados sobre los directores y todas las películas estrenadas[78]. Como hemos visto anteriormente, el ICAA es la entidad pública que depende del Ministerio de Cultura y cuya competencia es el sector de cine; sus datos son los oficiales, los que sirven de referencia en el sector y los que hemos consultado para la confección de estas jerarquías. La Academia de las Artes y las Ciencias Cinematográficas de España es la entidad profesional más importante del mundo cinematográfico a nivel nacional. Por ello su diccionario nos ha servido de indicador del reconocimiento artístico dentro del medio profesional[79].

En detalle establecemos la siguiente puntuación para la primera jerarquía (de 1975 hasta 1996):

- Cada largometraje estrenado y subvención conseguida así como la mención en el diccionario de la Academia del Cine Español obtiene un punto.
- En cuanto al número de espectadores, se sumaron hasta la última fecha, el primero de septiembre del 2000, y se ha establecido la siguiente puntuación:

Tabla 30: Puntuación por recaudación

Espectadores	Puntos
1 – 500.000	0
500.001 – 1.000.000	1
1.000.001 – 2.000.000	2
2.000.001 – 3.000.000	3
3.000.001 - 4.000.000	4
4.000.001 - 5.000.000	5
5.000.001 – 6.000.000	6
6.000.001 – 7.000.000	7

Fuente: Elaboración propia

En referencia a premios y festivales, la valoración se ha fijado de la siguiente manera:

---

[76]Comas (1997). Además se hizo una entrevista con el autor.
[77] Consorci Català de Promoció Exterior de la Cultura. *Catalan Fims and Television*. Publicaciones anuales. Años 1995 hasta el 2000. Generalitat de Catalunya. Departament de Cultura.
[78] www.mcu.es
[79] Academia de las Artes y las Ciencias Cinematográficas de España. *Diccionario del Cine Español*. Dirigido por José Luis Borau. Madrid. Alianza Editorial. 1998.

Tabla 31: Puntuación por premios y festivales

Premios internacionales	4 puntos
Premios nacionales	3 puntos
Presencia en festival internacional	2 puntos
Presencia en festival nacional	1 punto

Fuente: Elaboración propia

Para la segunda jerarquía, del 1995 hasta el 2000, se estableció una puntuación diferente en cuanto a los espectadores, puesto que comprende menos años. El total de puntos obtenidos en la primera jerarquía se refleja en la nueva bajo el epígrafe de reconocimiento de la trayectoria profesional de los directores.
En cuanto al número de espectadores, mostramos a continuación la nueva puntuación:

Tabla 32: Puntuación por recaudación 1995-2000

Espectadores	Puntos
1 – 250.000	1
250.001- 500.000	2
500.001- 750.000	3
750.001- 1.000.000	4
> 1.000.000	5

Fuente: Elaboración propia
En el apartado de trayectoria profesional de los directores, los puntos obtenidos en la primera jerarquía inciden en la nueva de la siguiente manera:

Tabla 33: Puntuación por trayectoria profesional

Puntos conseguidos en la primera jerarquización	Puntuación equivalente
0 - 7	0
8 - 16	1
17 - 25	2
26 - 34	3
35 - 43	4
44 - 48	5

Fuente: Elaboración propia

La jerarquización del sector cinematográfico barcelonés

Identificamos primero la estructura jerárquica del sector y, segundo, los criterios de comparación entre las dos épocas con el fin de evaluar la dinámica de sector. Se elaboró la primera jerarquía y se designaron puntos según la escala en la tabla anterior para su inclusión en la segunda. La población básica que constituye las jerarquías es la siguiente:

Tabla 34: Populación de las jerarquías

Jerarquías	1	2
Época	1975-1996	1995-2000
Número total de directores	105	106
Directores con al menos un estreno	105	34
Directores sin estreno	0	72

Fuente: Elaboración propia

Comenzamos con los directores de cine catalán que estrenaron, al menos, un largometraje entre los años 1975 y 1996. En la elaboración de la segunda jerarquía se incluyeron los nombres de los directores que entrenaron un film entre los años 1995 y el 2000 y que no estaban en la primera; incluye también directores de la primera época que no han estrenado películas en la segunda pero que tienen puntos por su trayectoria profesional y/o figuran en el diccionario de la academia de cine. El censo de directores con películas estrenadas en la primera época es de 105 y el de la segunda es de 106 directores aunque solamente 34 estrenaron como mínimo una película, lo que significa un 32 %: el 68 % restante (72 directores) no lo consiguieron en esta época o dejaron la actividad.

Las dos jerarquías elaboradas se pueden consultar en los anexos 2 y 3 donde figuran las listas de los directores, su puntuación y las variables. La puntuación máxima de la primera jerarquía era de 48 puntos y la mínima de un punto; en la segunda la puntuación máxima era 28 mientras que la mínima era de 0 puntos. En cuanto a la distribución de los directores en la escala de indicadores de importancia se observa una dispersión que hemos agrupado de la siguiente manera:

Tabla 35: Formación de los grupos de importancia en la jerarquía 1

Puntos	Grupo
0	1
De 1 a 12	2
De 13 a 24	3
De 25 a 36	4
De 37 a 48	5

Fuente: Elaboración propia

A partir de esta tabla llegamos a la siguiente distribución de números de directores por grupos de importancia:

Tabla 36: Grupos de importancia de los directores de cine catalán de la primera jerarquía:

Grupos	Número	%
1	0	0
2	78	74,28
3	19	17,75
4	4	3,73
5	4	3,73
TOTAL	**105**	**100**

Fuente: Elaboración propia

Como se observa, la mayoría de los directores del cine catalán se situaba en la parte baja de la jerarquía. El grupo de importancia nula no tiene ningún registro en esta jerarquía. En ella, el grupo de menor importancia tuvo 78 directores que representan casi un 75% del total mientras que al lado opuesto, en la cima, se encuentra un grupo reducido de 4 directores, menos de un 4 %. Si observamos el resto de los grupos, vemos que los dos de menor importancia agrupan 97 directores y que los dos de mayor importancia estaban constituidos por 8.

Con el fin de comparar las dos jerarquías presentamos a continuación la situación de los seis últimos años. Igual que para la formación de los grupos de la primera jerarquía veamos primero los intervalos de importancia para la segunda:

Tabla 37: Formación de los grupos de importancia en la segunda jerarquía

Puntos	Grupo
0	1
De 1 a 7	2
De 8 a 14	3
De 15 a 21	4
De 22 a 28	5

Fuente: Elaboración propia

La distribución de números de directores por grupos de importancia queda de la siguiente manera:

Tabla 38: Grupos de importancia de los directores de cine catalán jerarquía 2

Grupos	Número	%
1	40	37,73
2	50	47,16
3	9	8,49
4	3	2,83
5	4	3,77
TOTAL	106	100

Fuente: Elaboración propia

Vemos que la mayoría de los directores del cine catalán en la jerarquía que comprende los años 1995 y hasta el 2000 se sitúa, también, en su parte baja. El grupo de importancia nula tiene 40 directores que representa casi un 38%. Aquí entran los directores que no han obtenido ninguna puntuación puesto que ni han estrenado película ni han obtenido puntos por los otros registros de importancia. En el grupo de menor importancia se encuentran 50 directores (casi la mitad) que contrasta con el grupo de 4 directores, menos de un 4%, que se encuentran en la cima.

Para hacer más clara la interpretación y comparación de las jerarquías, hemos creado el siguiente gráfico:

Gráfico 4: Características y comparación de las dos jerarquías

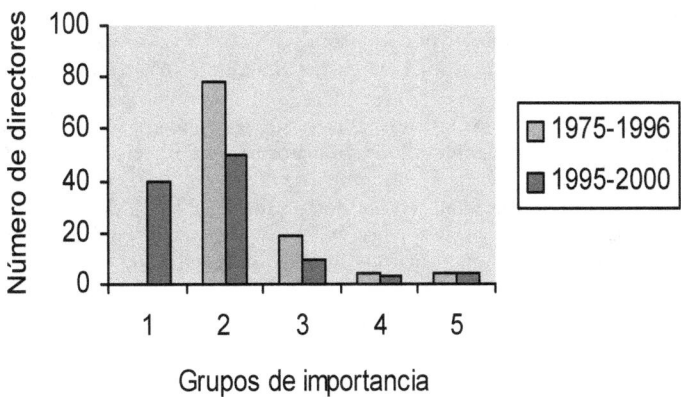

Fuente: Elaboración propia

La primera columna representa los 40 directores de la segunda jerarquía que provienen de la primera pero que no han obtenido ninguna puntuación el último periodo.
El segundo grupo representa a los directores de mínima importancia. de la primera y segunda jerarquía: en ambos casos son los grupos más numerosos con 78 y 50 directores, respectivamente. En la columna que refleja la primera jerarquía se encuentran directores entonces poco conocidos como por ejemplo Maria Ripoll, Judith Collell y Marta Balletbó-Coll, pero también se hallan directores que estaban en la cima de su actividad antes del 1975 como José María Nunes, Pere Portabella, Josep María Forn y sobre todo Francisco Rovira Beleta, que había conseguido dos nominaciones al Oscar. En la segunda columna de este grupo repiten José María Nunes, Pere Portabella y Francisco Rovira Beleta entre los más conocidos y las entonces nuevas Judith Collell y Marta Balletbó-Coll. De los recién llegados destacan Cesc Gay y Manuel Huerga.
El tercero representa los terceros grupos de la jerarquía. La columna correspondiente a la primera jerarquía es relativamente grande con 19 directores (casi 18% del total) mientras que la segunda es pequeña, con solo 9 directores (8% del total). De la primera destacan los veteranos Antonio Isasi Isasmendi, José Antonio de la Loma, Miguel Iglesias y Francesc Betriu, Jaime Camino, Joaquim Jordá, Carlos Balagué, Carles Benpar y Antoni Ribas igual que los más recién llegados Marc Recha, Rosa Vergés, Isabel Coixet. En la segunda jerarquía repiten en este grupo Francesc Betriu, Marc Recha, Rosa Vergés y llegan Antonio Chavarrias, José Luis Guerin, Josep Maria Forn y Agustí Villaronga.
Las cuartas columnas representan el cuarto grupo de importancia en ambas jerarquías. Cuentan con una cierta importancia en la jerarquización: todavía no están en la cima pero se están acercando. En la primera jerarquía es un grupo de cuatro del que destaca el veterano Ignacio Iquino (quien llegó a realizar más de 100 películas) entre José Luis Guerin, Francesc Bellmunt y Agustí Villaronga. En la más reciente este grupo se conforma de tres, de los que repite Francesc Bellmunt y destaca Carles Balague, que proviene del segundo grupo de la primera jerarquía. Además se encuentra aquí Gonzalo Suárez que pasó por la Escuela de Barcelona y trabajó durante muchos años en Barcelona antes de marcharse a Madrid.
El quinto grupo representa la cima de la jerarquía artístico-profesional que en ambos casos está compuesto por 4 directores. En la más histórica se encuentran en este grupo Gonzalo Suárez, Vicente Aranda, que igual que Suárez pasó por la Escuela de Barcelona y se trasladó a Madrid,

Bigas Luna y Ventura Pons. En la más actual repiten Vicente Aranda, Bigas Luna, Ventura Pons y se suma Isabel Coixet.

Resultados de la jerarquización artístico-profesional

- Las dos jerarquías están dominadas por un núcleo pequeño de artistas
- En ambos casos la élite está compuesta por 4 personas
- El porcentaje de estos grupos sobre el total es igual, a saber, un 3,76% para la primera y un 3,77% para la segunda.
- En la élite se mantienen siempre los mismos, puesto que se repiten 3 de las 4 posiciones, Vicente Aranda, Bigas Luna y Ventura Pons y solamente una directora, Isabel Coixet, consiguió introducirse en ella.
- El lado opuesto de las jerarquías reúne en los dos grupos más bajos de importancia de ambas a la amplia mayoría de los profesionales (92% en la primera y 85% en la segunda) que solamente consiguen estrenar una película o que dejaron la actividad.

La producción

En primer lugar tratamos los servicios de producción con respecto a cada uno de los servicios más significativos como por ejemplo los estudios de grabación, servicios de postproducción, estudios de doblaje, etc., en Barcelona y lo comparamos con la situación de Madrid. En segundo lugar consideramos las productoras cinematográficas. Las situamos en el contexto histórico de las últimas dos décadas y señalamos la tendencia a la baja en la creación de nuevas productoras cinematográficas. Seguidamente presentamos un censo de las productoras audiovisuales barcelonesas e identificamos a las productoras especializadas en cine, señalando su escasez y debilidad estructural. A continuación introducimos una jerarquía de las productoras cinematográficas barcelonesas y la contrastamos con el contexto nacional. Como último damos una evaluación general de su importancia para el sector audiovisual barcelonés.

Los servicios de producción cinematográficos barceloneses

En el pasado y en la actualidad en Barcelona se encuentran todas las industrias auxiliares necesarias para la realización del producto cinematográfico[80]. El sector de los servicios de su postproducción, sin embargo, se han visto afectado profundamente por los cambios tecnológicos del área digital. En este apartado solamente consideramos sus consecuencias en cuanto a la dinámica empresarial sin entrar en su naturaleza que analizamos más adelante en el apartado sobre el impacto tecnológico en el cine.

El mercado de estos servicios en Barcelona muestra una alta concentración empresarial. Antes de su quiebra, las más importantes empresas de postproducción de España fueron las compañías catalanas *Cinematiraje Riera SA* y *Fotofilm SAE*. Como hemos mencionado en el apartado de las filmotecas, los fondos de estas dos superan las 90.000 copias, más que el doble comparado con los 45.000 de la Filmoteca Catalana. Riera y Fotofilm ofrecían entre otros servicios, la edición, la duplicación, sonorización y doblaje, subtítulos, conversión de formatos (cinematográficos a televisivos) y un archivo de imagen. La única empresa especializada de estas dimensiones que se adaptó a las nuevas tecnologías y que cuenta con una fuerte presencia en el mercado es *Filmtel SA* que en cierto modo se ha beneficiado de la desaparición de sus competidoras. Por las demás, la tabla 39   resume las empresas y sus servicios más importantes:

---

[80] Ver el anteriormente citado estudio *Inits* y la evaluación para el estado de esta cuestión a finales de los años ochenta.

Tabla 39: Empresas y servicios cinematográficos barceloneses

Edición, Duplicación, VSC (Vídeo Standard Conversión), DVD (Premasterización DVD), Estudios de rodaje, Estudios de sonorización y doblaje (ESD), Salas de montaje, grabación de música y sonido (sonido), Subtítulos (SUB), Archivos de imagen (AIM)

	Empresa	Actividad
1	Filmtel SA	Edición, duplicación, VSC, ESD, SUB, AIM
2	Image Film	Estudio de rodaje; edición
3	Filmax	Edición, VSC, rodaje, ESD, Sonido, SUB
4	Sonoblok SA	Edición; doblaje
5	Montaje de Mozart, SL	Edición, VSC, rodaje, ESD, sonido, SUB
6	Estudios Ideal	Rodaje
7	RTVE Sant Cugat *	Edición, VSC, rodaje, ESD, sonido,
8	TV 3 *	Edición, VSC, rodaje, ESD, sonido,
9	Cromosoma *	Productora, rodaje, ESD
10	Gestmusic *	Edición, VSC, rodaje, ESD, Sonido, SUB
11	Media Park *	Edición, VSC, rodaje, ESD, Sonido, SUB
12	El Terrat *	Productora, rodaje, ESD

* Empresas audiovisuales

Fuente: Cineguía 2000; Fuentes propias

Aparte de *Filmtel SA*, destacan los estudios de rodaje *Estudios Ideal*[81] y de sonorización y doblaje *Sonoblock SA* y *Montaje de Mozart SL*, los laboratorios cinematográficos *Image Film* y la distribuidora y productora de cine *Filmax* que mantiene servicios de postproducción igual que las televisiones y las productoras televisivas *Cromosoma*, *Gestmusic* , *Media Park* y *El Terrat*.

A continuación comparamos los servicios de postproducción cinematográfica barcelonesa con los de Madrid. La tabla 40 muestra su comparación cuantitativa:

Tabla 40: Servicios de postproducción cinematográfica en Barcelona y Madrid

Servicios	Barcelona	Madrid
Estudios de rodaje	6	24
Servicios de edición y montaje	19	54
Estudios de doblaje	12	17
Servicios de sonido y grabación	20	45
Subtítulos	6	14
Archivos de imagen	8	24
Infografía	10	27
Vídeo Standard Conversión	8	15
Duplicación	16	26
Premasterización DVD	1	3
Total	**106**	**249**

---

[81] *Estudios Ideal*, antes *Plató Ideal* fundado en 1984, es el único estudio importante de rodajes que ha sobrevivido desde aquella década. Todos los demás servicios de producción han desaparecido o han sido absorbidos por los más grandes. Comparación con el estudio Inits. Ob.cit.

Fuente: Cineguía 2000

De base de comparación nos sirvió de nuevo el anuario Cineguía 2000. El registro de empresas de Madrid es un 134% más grande que el de Barcelona. Especialmente resalta que solamente aparecen 6 estudios de rodaje en Barcelona en comparación con 24 de Madrid. Debido a la debilidad del sector cinematográfico barcelonés estos estudios, igual que los servicios de postproducción en general, tienden a dedicarse a otros subsectores del sector audiovisual como la producción televisiva o la publicidad. En este respecto no se ha efectuado ningún cambio con la situación de los años ochenta[82]. Destaca la desaparición reciente de *Riera y Fotofilm* que eran las dos empresas más fuertes del sector. En la actualidad la ventaja de Madrid sobre Barcelona, que se mostró anteriormente en el apartado de profesionales técnicos audiovisuales, se ve reflejada también en el número de empresas que ofrecen los servicios de postproducción cinematográfica que se anuncian en la guía profesional del sector. Referente a los cambios tecnológicos del área digital, la oferta del sector está aún poco presente, con solo una empresa de premasterización de DVD en Barcelona y tres que ofrecen sus servicios en Madrid.

El subsector de la producción cinematográfica barcelonesa está atomizado, representado a un lado por unas pocas productoras consolidadas y muchas productoras pequeñas al otro, creadas a base de proyectos en concreto y caracterizadas por su debilidad estructural y discontinuidad. La situación de los años ochenta descrito en el informe Inits[83] no es nada diferente a la que acabamos de hacer y no ha cambiado significativamente desde entonces. Al mismo tiempo hay signos de que la volatilidad empresarial tiende a remitir. El minifundismo de la producción cinematográfica barcelonesa se hace manifiesto en la comparación con Madrid donde hay más productoras y con una producción cinematográfica más importante. Asimismo, la insignificancia comercial de la producción cinematográfica barcelonesa hace que las productoras barcelonesas tiendan a configurarse más bien como audiovisuales y se encuentran escasas productoras activas especializadas en cine que además son relativamente marginales en comparación de otras productoras de subsectores de producción audiovisual más fuertes.

El decremento de la creación de nuevas empresas productoras especializadas en la realización de largometrajes observado en los cuatro años que comprenden 1994 y 1997 ha sido más de un 50%. Mientras se registraron 33 nuevas productoras cinematográficas en 1994, solamente 15 aparecieron en 1997. Para contextualizar esta tendencia, miramos el número total de productoras cinematográficas que se anuncian en la guía profesional del sector y lo comparamos con Madrid y con el número total de productoras audiovisuales registradas en Barcelona. La debilidad estructural de la producción cinematográfica barcelonesa se hace manifiesta en comparación con las productoras de Madrid que son más numerosas y tienen una producción cinematográfica más importante. En tabla 41 se observa el número de productoras registradas en la guía profesional Cineguía 2000.

Tabla 41: Productoras cinematográficas de Barcelona y Madrid

	Barcelona	Madrid
Productoras cinematográficas	69	176

Fuente: Cineguía 2000

Observamos que el número de productoras cinematográficas que se anuncian en Barcelona es

---

[82] Ver estudio Inits. Ob. cit. página 184.
[83] "El panorama cinematogràfic a Barcelona es caracteritza doncs per masses empreses amb escasa actividad, poc profesionalitzades....". Ibid. página 185

menos de la mitad que en Madrid. Ahora contextualizamos este dato con las demás productoras audiovisuales de Barcelona y separamos las activas de las que existen solamente estadísticamente. En el último censo de las productoras audiovisuales barcelonesas figuran 280 productoras audiovisuales registradas por la Generalitat de las cuales 70 se dedican a la producción de largometrajes, cortometrajes y documentales. En las conclusiones comentaremos el elevado número de las empresas audiovisuales. De las 70 productoras cinematográficas hemos identificado 20 que han estrenado como mínimo un largometraje durante los últimos 5 años. La tabla 42 muestra la estructura de su producción señalizando el grado de continuidad y volumen de negocio durante los últimos cinco años.

Tabla 42: Productoras catalanas de largometrajes producidos entre 1995 y el 2000

	Compañía	Número de filmes	Espectadores	Recaudación en pesetas
1	Els Films de la Rambla	5	278.174	175.363.197
2	Eddie Saeta	1	236.278	132.647.108
3	Messidor Films	1	184.987	125.624.674
4	Sogedasa	4	172.737	114.020.628
5	ICC	2	121.211	81.729.266
6	In Vitro Films	6	123.828	75.420.954
7	Fantastic Factory*	1	105.985	75.406.456
8	Oberon Cinematográfica	4	128.758	73.205.270
9	Massa D'or Production	3	96.977	63.472.137
10	Fair Play Produccions	2	80.691	44.527.365
11	Bausan Films	1	65.993	32.638.385
12	Films de l'Orient	1	37.888	24.091.535
13	Bailando con Todos	2	35.237	15.508.772
14	Els Quatre Gats	2	17.151	13.090.203
15	Films 59	1	11.435	7.481.828
16	Grup Cinema Art	1	11.435	7.481.828
17	Centre Promotor de Imatge	2	7.028	4.307.787
18	Costabrava Films	1	2.454	1.771.527
19	Kronos Plays & Films	1	1.283	722.843
20	Ovideo TV	1	-	-

* 2001
Fuente: ICAA
       Elaboración propia

Si nos fijamos en el número de películas producidas nos damos cuenta que la mayoría de la 20 productoras solamente han producido una o dos películas en los últimos cinco años, solamente 5 superan las 3 producciones y 2 producen una película al año. Ninguna produce varias películas al año, lo que significaría una base industrial, hecho que pone de manifiesto la debilidad estructural de estas productoras. Todas producen una película detrás de otra de forma "artesanal" y detrás de cada productor hay normalmente una persona. Incluso en esta jerarquía, las empresas de los primeros dos puestos representan el esfuerzo artístico-empresarial de una persona, Ventura Pons e Isabel Coixet. Lo que es más: solamente *Els Films de la Rambla* se ha consolidado y muestra continuidad con cinco producciones en cinco años. *Eddie Saeta* recaudó relativamente mucho con solamente una película, *Cosas que nunca te dije*, al igual que Messidor Films con *Kràmpack*. De los siguientes puestos - hasta el décimo- solamente *In Vitro Films*, *Sogedasa* y *Oberon* han mostrado una cierta continuidad productiva. Entre ellos, *Sogedasa* es la única que disfruta de una cierta base industrial que hizo posible la reciente creación de la productora *Fantastic Factory*, que junto a *Sogedasa* conforman

Filmax. Los integrantes de ésta ocupan un puesto entre los primeros siete de la jerarquía[84].

En comparación con Madrid la debilidad productiva de estas productoras se manifiesta en cuanto al número de filmes producidos y recaudación. La tabla 43 compara las 20 productoras barcelonesas más activas (en cuanto a número de películas producidas en los últimos cinco años) con las 20 productoras madrileñas con más películas producidas en solo un año, el 1998. En ese año, en Madrid se registraron dos productoras que produjeron 14 películas y una con 13 en la parte alta de la tabla y solo una con una película en la parte más baja. El panorama barcelonés de estos últimos cinco años es el siguiente: una productora realizó 6 películas y una 5 mientras que 10 productoras se colocan con solo una película producida en la parte más baja de la tabla.

Tabla 43: Número de productoras más exitosas en Barcelona y en Madrid en comparación

Número de filmes	Productoras en Barcelona en 5 años	Productoras en Madrid en 1998
14	0	2
13	0	1
12	0	0
11	0	0
12	0	0
11	0	0
10	0	0
9	0	0
8	0	2
7	0	1
6	1	1
5	1	1
4	2	3
3	1	2
2	5	6
1	10	1
TOTAL	**20**	**20**

Fuente: ICAA; Elaboración propia

Y en cuanto a recaudación, la comparación entre los dos ciudades en los mismos periodos de tiempo muestra en la tabla 44 que la recaudación de las 5 productoras más exitosas barcelonesas es claramente inferior a los de Madrid.

---

[84] El Grupo Filmax está organizado a partir de la sociedad patrimonial *Seven Art* que pertenece a Julio Fernández y que es propietaria de Sogedasa que es copropietaria de Castelao Productions, las distribuidoras Telegroup, Nirvarna y New World International, de la empresa de postproducción Pixel y de un 10% de la productora ICC.

Tabla 44: Recaudación de las 5 productoras más exitosas de Barcelona en 5 años comparadas con las de Madrid en 1998

	Compañía barcelonesa	Recaudación en millones de pesetas	Compañía madrileña	Recaudación en millones de pesetas
1	Els Films de la Rambla	175	Sociedad General de Cine, S.A.	2943
2	Eddie Saeta	132	Rocabruno, S.A.	1782
3	Messidor Films	125	Lolafilms, S.A.	961
4	Sogedasa	114	Creativos A. de Radio y TV, S.A.	890
5	ICC	81	Fernando Trueba, S.A.	854
	Total Recaudación	**627**	**Total Recaudación**	**7430**

Fuente: ICAA; Elaboración propia

La comparación de la recaudación de las productoras de las dos ciudades resulta en que sólo en el 1998, el año de *Torrente* y de *La niña de tus ojos*, la recaudación de las productoras cinematográficas de Madrid ha sido más de diez veces mayor que la de las de Barcelona en los últimos cinco años.

Ante de la debilidad estructural de las productoras barcelonesas volvemos ahora a las productoras registradas con la Generalitat. Su elevado número se explica con el hecho de que estas empresas no se configuran como empresas especializadas en la producción cinematográfica sino como productoras audiovisuales que trabajan en los distintos subsectores de la producción audiovisual. Sirva de ilustración la tabla 45 que compara las productoras audiovisuales con las cinematográficas que se anuncian en la guía profesional de sector.

Tabla 45: Productoras cinematográficas y audiovisuales de Barcelona y Madrid

	Barcelona	Madrid
Productoras cinematográficas	69	176
Productoras audiovisuales	131	270
Total	**200**	**446**

Fuente: Cineguía 2000
       Elaboración propia

Como hemos mostrado con la jerarquización de las productoras cinematográficas de Barcelona, hay un grupo de unos cuatro en su cima de los que sólo dos de muestran signos de continuidad produciendo de forma artesanal. Ello contrasta con la base industrial de la que disponen las tres productoras más importantes de Madrid que produjeron 41 películas en un año. Visto así, la incidencia de las productoras cinematográficas barcelonesas en el sector audiovisual de la ciudad está directamente relacionada con su debilidad estructural en cuanto a la especialización en cine, que resulta en su relativa marginalidad, y en una tendencia de las productoras a configurarse como productoras audiovisuales. Referente a la postproducción, los servicios auxiliares, que igualmente muestran un alto grado de concentración empresarial, se ajustan a la demanda diversificada audiovisual.

La consideración de los demás elementos de la cadena cinematográfica nos lleva a los apartados de distribución y exhibición donde las pocas empresas barcelonesas no solamente tienen que competir sino afrontarse a la colonización internacional del sector.

La distribución

Como vimos en los apartados de competencia nacional e internacional y marco regulativo, el mercado cinematográfico europeo está dominado por los productos norteamericanos, que resultó en una respuesta compensatoria del lado de las diversas administraciones culturales a nivel europeo y nacional. Los *majors* norteamericanos que producen las películas también las distribuyen y hasta cierto punto las exhiben. Las consecuencias de esta situación se manifiestan en el subsector de distribución barcelonés en su desarrollo histórico, en su debilidad estructural y en su concentración empresarial. En este apartado tratamos, por lo tanto, primero el desarrollo histórico y la situación actual del sector de distribución cinematográfica barcelonesa y la comparamos con las condiciones a nivel nacional. Segundo, analizamos la estructura del subsector de la distribución barcelonesa fijándonos en quién y en qué cantidad distribuye el cine realizado en Cataluña. Tercero, pasamos a su distribución videográfica y como último repasamos la distribución cinematográfica por televisión.

Históricamente las distribuidoras cinematográficas se concentraban en Barcelona pero se han ido desplazando gradualmente a Madrid o han sido absorbidas por las multinacionales norteamericanas. En los años sesenta, había en la calle Aragón de Barcelona algunas 40 distribuidoras de distintas especialidades[85]. A finales de los años ochenta había ocho distribuidoras de relevancia en Barcelona, dos de media importancia, tres importantes de distribución cinematográfica y tres de distribución videográfica[86]. A mediados de los noventa, un 75% del volumen del mercado de distribución cinematográfica español estuvo dominado por las siguientes empresas (por orden de recaudación): United Internacional Pictures, Laurenfilm, Warner Española y Columbia Tri-Star, siendo Laurenfilm la única barcelonesa[87]. La situación de la segunda mitad de los anos noventa se muestra en la tabla 46 que reúne las veinte distribuidoras más exitosas que operaron en España entre 1996 y 1998. El dominio de los majors es aplastante: entre los primeros seis puestos del ranking por recaudación, cinco son americanos. Solamente Laurenfilm pudo mantenerse entre los más fuertes del mercado en la cuarta posición; en la posición decimosegunda se encuentra Grupo Filmax[88]. Tenemos que descender hasta el puesto 23° para encontrar otra distribuidora catalana: Mangafilms.

Tabla 46: Las 20 distribuidoras españolas cinematográficas con más éxito entre 1996-1998 (Distribuidoras catalanas en negrita)

Ranking	Compañía	Recaudación en millones de Pesetas	Número de filmes
1	United International Pictures	31.021	396
2	Hispano Foxfilms, S.A.E.	23.290	99
3	Columbia Tristar de España, S.A.	22.629	255
4	**Laurenfilm, S.A.**	21.109	382
5	Buenavista International Spain	15.549	88

---

[85] Entrevista con Josep Maria Forn.
[86] Informe Inits. pág. 186. ob.cit.
[87] Dimensió Econòmica del Sector de la Cultura i la Comunicació de Catalunya. VVAA. UB, 1996.pág.24.
[88] Como hemos visto en el apartado de producción, el Grupo Filmax comprende entre otras las empresas distribuidoras Telegroup, Sogedasa, Nirvana y New World International.

6	Warner Española, S.A.	14.062	184
7	Sogepaq Distribución, S.A.	10.180	148
8	Líder Films, S.A.	9.576	139
9	Alta Films, S.A.	6.293	243
10	Tripictures, S.A.	5.677	102
11	Warner Sogefilms, A.I.E.	2.451	19
12	**Grupo Filmax**	1.483	120
13	Sociedad Kino Visión, S.L.	1.336	16
14	Vértigo Films, S.L.	1.294	62
15	Filmmayer Castlerockturner S.A.	1.276	16
16	Cinecompany, S.A.	1.104	40
17	Cinemussy, S.L.	909	40
18	Golem Distribución, S.L.	904	85
19	Lolafilms Distribución, S.A.	886	5
20	Sogepaq, S.A.	844	15
23	**Manga Films, S.L.** [89]	338	23

Fuente   ICAA 1999; Elaboración propia

Laurenfilm apuesta principalmente por la distribución de cine americano y se ha diversificado, igual que las demás distribuidoras, en la distribución videográfica. La posición de Laurenfilm en cuanto a la distribución cinematográfica de empresas catalanas es preminente, seguida por Grupo Filmax y hasta cierto punto *Manga Films* que distribuye poco en salas comparado con su distribución videográfica, como veremos más adelante. Aunque la situación de Madrid es igual que la de Barcelona frente a los majors, es diferente en la medida que la presencia de las distribuidoras de los *majors* revierte más en el mercado laboral de Madrid y sus distribuidoras cinematográficas no muestran una concentración tan alta de empresas en una sola distribuidora importante como en el caso de Barcelona.

Aparte de la debilidad estructural y empresarial descrita hasta ahora, existe otro   aspecto fundamental que contribuye a la falta de distribución para alcanzar grandes públicos. Es el hecho de que sólo pocas distribuidoras importantes distribuyen películas catalanas[90]. La tabla 47 muestra que la mayoría de las películas catalanas está distribuida por empresas marginales:

Tabla 47: Número de películas catalanas distribuidas y estrenadas en cine por distribuidoras entre 1996 y 1998

No	Distribuidora	Ranking español entre 1996 y 1998	Número de filmes	Recaudación en millones de pesetas

---

[89] La catalana Manga Films, especializada en la distribución de cine asiático y de animación, se queda en la posición 23 con 233 millones de pesetas recaudadas. Recientemente Manga Films distribuyó también películas hechas en España por Lolafilms y también cine americano.

[90] Baró, E. y Cubeles, X., *El futur desenvolupament de les indústries de continguts d'informació de la ciutat de Barcelona.* Ajuntament de Barcelona. 2000.

1	United International	1	1	15.240.562
2	Columbia Tri-Star	3	2	24.142.692
3	Laurenfilm, S.L.	4	4	138.737.646
4	Buenavista International	5	1	27.268.503
5	Alta Films.S.A.	9	1	18.296.544
6	Grupo Filmax	12	8	107.333.620
7	Manga Films, S.L.	23	1	ND
8	Agotadas Las Localidades,S.L.	0	1	ND
9	Alonso Capell	0	1	161.750
10	Bailando Con Todos, S.L.	0	1	2.661.052
11	Carlos Balagué	0	1	14.63.317
12	Cinecito, S.L.	0	1	621.200
13	Costa Brava Films, S.L.	0	1	1.771.527
14	Diafragma Producciones, S.L.	0	1	1.109.800
15	Espectarama,S.A.	0	1	17.018.712
16	Fair Play Produccions, S.A.	0	1	29.435.582
17	Grupo Cine Arte, S.L.	0	1	24.725
18	In Vitro Films, S.A.	0	1	10.081.957
19	Iris Star S.L.	0	1	ND
20	Kronos Play & Films, S.A.	0	1	4.403
21	Montornés Films	0	1	ND
22	Wanda Distribución.	0	1	7.469.828
	TOTAL		**33**	

Fuente: ICAA (Para consultar los títulos y recaudaciones en detalle ver anexo 4)

La atomización del sector de distribución de cine catalán se pone de manifiesto en el hecho de que de un total de 22 distribuidoras solamente 19 distribuyeron una película catalana en tres años. Aparte de las internacionales United International, Buenavista, Alta Films y las catalanas Laurenfilm y Filmax, las 17 restantes son empresas catalanas de relativa marginalidad. De un total de 33 películas, nada más 8 han sido comercializadas por distribuidoras de primera categoría a nivel español, como muestran sus puestos en el ranking nacional. United International y Buenavista International distribuyeron cada una de ellas una película catalana; Columbia Tri-Star, dos y Laurenfilm, cuatro. Ésta consiguió una recaudación de 138 millones de pesetas en el subsector de distribución cinematográfica de películas catalanas, seguida por el grupo Filmax, con 107 millones de pesetas. Las productoras catalanas todavía están en búsqueda de una distribución y comercialización fuerte de sus productos. Recientemente se observa una tendencia más positiva; Buenavista Internacional ha distribuido la película *Actrius* y Laurenfilm *Amic/Amat, Caricias y Morir (o no)*, las cuatro de Ventura Pons, cuya productora se ha establecido como la más exitosa y con más continuidad en Barcelona. Igualmente Laurenfilm ha distribuido *El Mar* de Agustín Villaronga y la menos exitosa *Tomàndote* de Isabel Gardela producida por Carles Benpar. Además, en 1999 el Grupo Filmax, a través de Sogedasa, ha apostado fuertemente, en comparación con Laurenfilm, por distribuir películas catalanas como muestra la tabla 48:

Tabla 48: Películas catalanas distribuidas por Sogedasa y Laurenfilm en 1999

Películas distribuidas por Sogedasa	Recaudación en pesetas	Películas distribuidas por Laurenfilm	Recaudación en pesetas
Manolito Gafotas	424.289.138	Morir (o no)	25.269.548
Los sin nombre	161.270.472	El mar	34.283.457
Ciutat dels prodigis, La	68.478.796	Tomándote	2.638.075

Goomer	21.919.759		
L'altra cara de la luna	525.075		
TOTAL RECAUDACIÓN (hasta febrero 2001)	**692.485.340**		**62.191.080**

Fuente: ICAA
    Elaboración propia

El volumen de la actividad distribuidora de Sogedasa de cine catalán en salas de cine ha aumentado significativamente desde el periodo de los años 1996 hasta 1998 donde consiguió una recaudación de 107.333.620 pesetas. En comparación con Laurenfilm, su recaudación ha sido más de diez veces mayor.

La distribución videográfica

Históricamente, la distribución de cine para el consumo doméstico era un fenómeno relativamente nuevo que afronta en la actualidad la competición de los nuevos soportes y canales de distribución de la era digital. Significó uno de los inventos más importantes para la industria cinematográfica, especialmente en cuanto a rodaje, edición y distribución. Asimismo, anunció el fin de los cineclubs aunque su declive en parte fue debido a razones socio-políticas[91].

El anteriormente citado informe *Inits* señala un enorme crecimiento del mercado del vídeo español entre los años 1984 y 1989, igual que la distribución de las películas por vídeo y televisión como fuente creciente de financiación de largometrajes. Mientras, los ingresos de las salas cinematográficas mostraron una tendencia a la baja[92]. Los datos generales del ICAA sobre la industria videográfica en España señalan un crecimiento igualmente espectacular para el periodo entre 1991 y 1997, en el que el número de copias vendidas se ha multiplicado por seis, comenzando por 438 y culminado en 2629. Asimismo, el número de copias por año ha crecido de 3.102.461 en 1991 hasta 18.813.940 en 1997. En ese año, los productos americanos dominaban el negocio nacional español recaudando casi la mitad del mercado con 1233 títulos comercializados. Ante esta situación, sin embargo, los productos españoles se mantuvieron y consiguieron captar casi un 20% con 463 títulos[93].

Referente a la distribución empresarial del mercado videográfico, ICAA señala en los años ochenta una concentración a nivel de distribución que tiende, igual que la distribución cinematográfica, a estar dominada por las multinacionales norteamericanas[94]. Esta concentración de las distribuidoras videográficas sigue en los años noventa como apunta el informe de la Universitat de Barcelona del año 1996[95]. Las empresas multinacionales que destacan son Columbia-Tri Star, Disney (Buenavista International), United Internacional Pictures y Warner Española. Asimismo se identifican cuatro empresas de dimensión mediana: Telegroup y Sogedasa del grupo Filmax, el Video Club Vergara y Laurenfilm[96]. No obstante, y como muestran los datos del Anuario SGAE en la tabla 49, únicamente Laurenfilm y Manga Films pudieron competir con cierto éxito en el 1998 dentro del subsector de distribución de alquiler videográfico español en el que predominan las empresas norteamericanas[97].

---

[91] Más información en el apartado de cineclubs.
[92] Informe Inits. Página 196. Ob. cit.
[93] www.cinespain.com/ICAA/video/index.php3
[94] Ver también: Generalitat de Cataluña. *La Indústria del Cinema a Catalunya*.1989.
[95] Dimensió Econòmica del Sector de la Cultura i la Comunicació de Catalunya. VVAA. UB, 1996.
[96] El valor del volumen del negocio de las empresas catalanas de distribución de cine y vídeo se estima para el año 1994 de 6.716,9 millones de pesetas.
[97] Anuario SGAE 1999. Páginas 322-325. La presencia de empresas catalanas de ventas de vídeos para el

Tabla 49: Presencia de distribuidoras videográficas catalanas entre los 30 títulos más alquilados en 1998 en España

Número de orden	Título	Productora de vídeo
1	Full Monty	Fox Video
2	Airbag	Colombia Tristar
3	Cara a cara	Buenavista Home Video
4	Air Force One	Buenavista Home Video
5	El quinto elemento	Columbia Tristar
6	The Jackal	CIC Video
7	Mentiroso compulsivo	CIC Video
8	Mejor imposible	Columbia Tristar
9	Bean	Poligram Ibérica
10	Scream vigila quien llama	Laurenfilm
16	Torrente	Manga Films
25	Cop Land	Laurenfilm

Fuente: Anuario SGAE

En la lista que muestra los títulos y empresas distribuidoras por orden de éxito, Laurenfilm ocupa el puesto décimo y vigesimoquinto con las películas americanas *Scream vigila quien llama* y *Cop Land*, respectivamente. Manga Films ocupa con *Torrente* el decimosexto puesto.

En resumen, la concentración empresarial en el subsector de distribución cinematográfica en salas descrito anteriormente caracteriza también al subsector de la distribución videográfica. Ante el dominio de las empresas americanas hay dos empresas catalanas importantes que han conseguido mantener una cierta presencia en el mercado de la distribución videográfica[98]. No distribuyen cine hecho en Cataluña puesto que se produce poco y de poca importancia. No obstante, la tendencia reciente de productoras/distribuidoras como Laurenfilm y el Grupo Filmax de apostar por la distribución de sus productos a través de sus propias redes se puede interpretar como un potencial de comercialización poco explotado hasta ahora.

La distribución televisiva

El peso del cine en la programación televisiva es enorme. Entre los contenidos de programación en España los programas de ficción que abordan largometrajes, telefilms, series y, en menor medida, teatro y cortometrajes recogen la mayor proporción del tiempo de emisión con un promedio de 35,6%. La tabla 50 compara los porcentajes de este género de programas entre las principales cadenas españoles.

Tabla 50: Tiempo destinado a la ficción en las cadenas en 1998 en %

mismo periodo ha sido nula.

[98] La tercera empresa distribuidora más fuerte en el mercado de distribución videográfica es Sogedasa del Grupo Filmax que distribuyó a salas de cine y en formato de vídeo para el consumo doméstico entre 1993 y 1998 los derechos de 1400 películas americanas, 583 europeas y 54 españolas. Por desgracia, no se desglosa entre películas producidas en España y Cataluña. *La indústria audiovisual a Catalunya: una nova etapa.* Comissionat per a la Societat de la informació. Barcelona, 1999, pág. 71

TVE 1	La 2	Tele5	Ant.3	C+	C.Sur	TV 3	C33	ETB 1	ETB 2	TV G	TM 3	C9	N9	/
38	23,6	49,8	45,2	54,3	26,1	**39,6**	**25**	24,2	45,2	17,5	26,3	44,6	12,1	35,6

Fuente: Anuario SGAE. Página 347

Este panorama en sí debería ser muy positivo para la producción cinematográfica española pero, en realidad, la programación está dominada por los productos americanos. En el periodo entre 1995 y 1998 casi un sesenta por ciento de los programas de ficción protegidos por la SGAE en las principales cadenas nacionales, TV1, La2, C+, Tele5 y Antena3, han sido de largometrajes y telefilmes americanos, mientras que la producción española oscilaba entre un seis y siete por ciento y su presencia en las cadenas autonómicas apenas superó el 1%[99]. La tabla 51 ilustra esta situación en minutos de emisión de programas cinematográficos protegidos por la SGAE en un día medio en el primer semestre de 1998 en España y en Cataluña, respectivamente.

Tabla 51: Promedio de programación de largometrajes de las principales cadenas españolas y las dos catalanas en el primer semestre de 1998 en minutos en un día medio

Cadenas	TV1	La2	C+	Tele5	Antena3	TV3	C 33
Largometrajes extranjeras	15,78	60,2	130,1	22,47	36,26	65,57	35,2
Largometrajes nacionales	40,15	**74,17**	**79,4**	12,86	26,17	**0,47**	**10,94**
Largometrajes americanas	113,33	105,22	470,37	218,81	216,78	263,82	99,29

Fuente: Anuario SGAE 1999. Páginas 368-369

Se observa una concentración del cine español en la cadena de pago Canal + y en La2 de RTVE; de este cine español, ocasionalmente emiten una película catalana, por ejemplo de Ventura Pons, Francesc Bellmunt o Bigas Luna. A nivel autónomo, Canal 33 de TV3 ofrecía recientemente un ciclo dedicado al cine catalán que después de veinte emisiones empezó a repetir películas[100].

Con la llegada de la era digital, el mercado televisivo europeo ha vivido una inmensa expansión y diversificación en nuevos canales de distribución. La revolución digital, no obstante, no ha podido contribuir de manera significativa a un cambio estructural de la situación del mercado televisivo europeo. Como concluimos en el apartado sobre la competencia internacional al principio de este informe, y en referencia a los nuevos mercados audiovisuales, los *majors* americanos ejercen un fuerte control sobre las redes de distribución europeas mientras que, debido a su fragilidad, la industria cinematográfica europea tiene cada vez más dificultades para acceder a los nuevos mercados audiovisuales. El mercado televisivo europeo se polariza entre la programación nacional y regional y las películas americanas. Como resultado las obras cinematográficas europeas apenas se distribuyen por los nuevos canales de difusión digital a nivel europeo al tiempo que las producciones americanas predominan en su programación televisiva[101].

Ante esta situación, y como respuesta compensatoria administrativa, se aprobaron las nuevas directivas europeas sobre televisión que impulsan una progresiva inversión en el cine independiente europeo. Aunque pequeña, un 5% de los ingresos de las televisiones, esta medida es de enorme valor para la modesta industrial nacional que permite augurar un futuro incremento de su programación. TVE, Canal + y las dos plataformas digitales Vía Digital y Canal Satélite Digital han apostado últimamente por la producción de cine español como muestra la tabla 52, que resume las inversiones de las televisiones en la producción independiente.

---

[99] Anuario SGAE 1999. Página 353. Ob. cit.
[100] www.lavanguardia.es. Programación del ciclo en La Vanguardia del año 2000.
[101] European Union Audiovisual Conference. Birmingham. 1998.

Tabla 52: Inversiones en la producción independiente entre 1997 y 2001 (millones de pesetas) por cadenas televisivas

Cadena	1997	1998	1999	2000-2001
TVE	2.000	2.000	3.000	9.000
Vía Digital	0	2.275	2.275	6.725
Canal Satélite Digital	1.300	1.500	3.600	10.800
FORTA *	0	1.200	1.500	4.500
Antena 3	0	0	3.000	9.000
Telecinco	0	0	2.000	0

Fuente: FAPAE. Citado de CAC 1999. Página 18[102]

Las televisiones públicas autonómicas establecen individualmente otros acuerdos de inversión con productores de su comunidad. Son estas cadenas y sus programaciones las que han promocionado y mejorado la imagen del cine español en España. La influencia en este sentido de las plataformas digitales se muestra también fijándose en la composición empresarial de dos de las más importantes productoras cinematográficas españolas y sus colaboradores: Sogetel y Lolafilms. Sogetel que pertenece al Grupo Prisa (Canal+, Cadena SER y El País) y que promueve Canal Satélite Digital, colabora con Tornasol, Fernando Colomo, Elias Querejeta Producciones, C. Benitez, Alta Films, Boca a Boca Producciones. Lolafilms está ligada a Telefónica (Antena 3, Onda Cero, y Recoletos que controla El Mundo) y promueve Vía Digital; colabora con Fernando Trueba Producciones, Marea, Acercarse y El Deseo. Todas estas productoras concentraron el 82,2% del cine español en 1997[103].

La distribución cinematográfica, tanto en salas como en vídeo, está dominada por las multinacionales americanas, lo que resulta en una debilidad estructural máxima del sector a nivel nacional y barcelonés expresado en una concentración de empresas fuertes y una atomización de empresas poco importantes que carecen de canales industriales para la comercialización de sus productos. Históricamente, Barcelona fue un centro de actividad cinematográfico y distributivo, pero a largo de las últimas tres décadas las empresas distribuidoras han ido desplazándose a Madrid o han sido compradas por multinacionales. La elaboración de una jerarquía de las empresas distribuidoras muestra que a nivel nacional solamente una distribuidora, Laurenfilm de Barcelona, ha mantenido un cierto nivel nacional. Recientemente dos distribuidoras/productoras barcelonesas, Mangafilms y Grupo Filmax, tienen una fuerte presencia en el sector. Mientras la primera comercializa básicamente cine asiático, la segunda empezó a producir y distribuir varios géneros, entre ellos cine de terror, animación y ficción. Además, muy pocas veces el cine realizado en Barcelona se distribuye por las empresas fuertes o internacionales que sumado a la debilidad autóctona del sector genera problemas básicos de distribución[104]. Como muestra de ello, relacionamos las películas distribuidas por las empresas y sus recaudaciones. Como tendencia positiva destacamos la reciente distribución de determinadas películas barcelonesas por algunos grandes como Disney, Laurenfilms y muy recientemente Filmax, que cada vez cuenta con más presencia en el mercado. El panorama de la distribución videográfica es muy similar a la de la distribución en salas y se barajan los mismos nombres, empresas y debilidad estructural. La

---

[102] CAC 1999. Informe sobre l'audiovisual a Catalunya. Concell de l'Audiovisual de Catalunya.

[103] Comissionat per la Societat de la Informació. *La indústria audiovisual a Catalunya: una nova època.* Barcelona 1999 Página 57. Ob. cit.

[104] Problemas básicos pueden ser que la película no se estrena en "fechas punta" del mercado, como por ejemplo Navidad, o que el distribuidor no cumple con sus obligaciones económicas. *Anita no pierde el tren,* la última película de Ventura Pons no se estrenó en el mes de diciembre sino que tuvo que esperar hasta enero. *Rosita please,* también de Ventura Pons, casi no llegó a estrenarse debido a problemas económicos con la distribuidora.

voluntad empresarial de Laurenfilm y Filmax de coproducir y distribuir cine hecho en Barcelona a través de sus propias redes de comercialización se nota, también, en la distribución videográfica. Esta opción quizá se convierta en la oportunidad para el cine barcelonés, especialmente porque el mercado de vídeo doméstico ha estado en continuo auge, tendencia que podría ser aprovechada por los nuevos soportes de la era digital.

En cuanto a la distribución televisiva, destacar el papel que juega el cine en la programación televisiva y el de las propias televisiones en la financiación de la producción cinematográfica autóctona impulsada por las directrices europeas sobre televisión. A pesar de ello, la programación nacional se tiene que conformar, de momento, con un papel marginal relegado por el dominio americano en la programación televisiva. Las dos plataformas digitales apuestan últimamente por la producción y programación de cine español debido, en parte, a su configuración empresarial. Además, el cine español de los años noventa ha vivido una cierta renovación estética, ha cosechado reconocimiento internacional y ha ganado en popularidad, lo que ha aumentado su presencia en RTVE y Canal +. Esta tendencia positiva, sin embargo, no se traduce en una mayor presencia del cine barcelonés, que sólo ocasionalmente se emite a nivel nacional en programas especiales dedicados al cine para cinéfilos. En la programación autónoma hay menos cine español que en las demás cadenas (apenas supera un 1% comparado con un 7%) y dentro de este 1%, a veces se proyecta cine catalán dentro de un espacio especial. Volveremos a la consideración de esta diferencia en el apartado sobre la exhibición. A continuación consideramos la crítica y los medios que forman el enlace entre el producto cinematográfico y su exhibición y consumo.

La crítica y los medios

En primer lugar valoramos las revistas especializadas barcelonesas en su contexto nacional e internacional. Seguidamente comentamos la atención mediática al cine en general y al cine hecho en Barcelona, en particular. Como último, consideramos la crítica y de los críticos barceloneses.

Revistas especializadas de cine

En la Biblioteca de la Filmoteca Catalana se pueden consultar 76 revistas especializadas del mundo audiovisual cuya procedencia se muestra la tabla 53. La lista completa se encuentra en el anexo 5.

Tabla 53: Revistas especializadas en cine

Procedencia	Número
Unión Europea	32
Madrid	13
Barcelona	12
Estados Unidos	11
Otros en España	8
TOTAL	**76**

Fuentes propias

La mayoría de estas revistas vive de la publicidad y de entre todas destacan solamente algunas pocas[105]. A nivel europeo las más importantes y más consagradas revistas son la francesa *Cahiers du Cinéma* que tiene sus orígenes en la *Nouvelle Vague* y la revista *Sight and Sound* del British Film Institute que son consideradas publicaciones serias a nivel teórico, cuyos ingresos no provienen de la publicidad sino de subscriptores o miembros. En América, las revistas *Hollywood Reporter* y *Variety*, que aun siendo publicaciones puramente de la industria, son las más importantes. Destacar también la revista *Premiere*.

---

[105] Para la evaluación, preguntamos a cinco informantes conocidos del mundo audiovisual barcelonés por las revistas más importantes de las 76 encontradas. Los informantes eran dos investigadores universitarios, un crítico y periodista, un productor audiovisual y un director de cine.

En cuanto a España, la revista más famosa es *Fotogramas* de Barcelona. Es una revista popular y equivalente a las revistas de corazón adaptada al cine. Vive de la publicidad igual que su homóloga madrileña, *Cinemanía*. La revista más importante para el cine español es la revista *Academia* que publica en Madrid la Academia de las Artes y las Ciencias Cinematográficas de España. Revistas con un enfoque teórico y de cierto éxito son *Dirigido por* de Barcelona, en la que colaboran una serie de teóricos reconocidos; es una revista minoritaria dirigido a cinéfilos. Para permitirse - económicamente hablando- este tipo de revista y incluso publicar los libros *Dirigido,* sus promotores publican otra revista que vive de la publicidad, *Imágenes de Actualidad.* Sus reportajes se conforman de información facilitada por las distribuidoras sobre las películas que se van a estrenar. Las demás revistas son *Archivos de Filmoteca* de Valencia, dedicada al cine mudo y al cine español; *Nosferatu* de San Sebastián que es una publicación monográfica y *Nikel Odeon* de Madrid, especializada en cine americano.

En total, el panorama de las revistas especializadas barcelonesas no está mal, considerando que de las doce publicaciones registradas, tres tienen una proyección nacional importante, una a nivel teórico y dos en cuestiones promocionales. El contenido de los últimos dos se rige, lógicamente, a la demanda del mercado y se traduce en el hecho de que la mayoría casi absoluta de sus páginas no está dedicada al cine hecho en Barcelona. El papel de su promoción y tratamiento crítico está reservado para algunas revistas marginales que pertenecen a grupos universitarios de investigación o al ámbito asociativo.

La atención mediática al cine

El papel que juegan los medios de comunicación en promover el consumo cultural en general, y el de las artes escénicas, en particular, es crucial. En una exploración sobre la presencia de la cultura en la prensa llevada a cabo por el CESAC, que hizo una primera valoración de las noticias culturales y del espacio dedicado a ellas. Entre los demás sectores de producción cultural se repasaron las industrias culturales y de éstas, la atención mediática al sector audiovisual, al cine en Barcelona y al cine barcelonés. En un trabajo de hemeroteca se recogieron datos de los cuatro diarios con mayor tirada en Barcelona que son, por orden de difusión, El País, La Vanguardia, El Periódico y el Avui como muestra la tabla 54:

Tabla 54: Principales diarios de Cataluña en 1999

Periódico	Difusión
El País	435.433
La Vanguardia	205.126
El Periódico	194.920
Avui	31.840

Fuente: Oficina de la Justificación de la Difusión, 2000

Se recogió información durante un mes, comenzando el 15 de septiembre y terminando el 15 de octubre de 1999, que fue sistematizada y codificada en tablas estructuradas que permitieron, entre otros, la comparación del espacio dedicado a los diferentes sectores y el registro de la naturaleza de la noticia[106].

Las noticias a menudo tienen el carácter de promoción y, a grosso modo, se pude distinguir entre secciones dedicadas a las artes clásicas y al entretenimiento. En la última prevalecen las noticias de cine; son notas de prensa, entrevistas con los profesionales artísticos o artículos sobre ellos. El espacio reservado para la sección de crítica es relativamente pequeño y se concentra en el cine de estreno. En cuanto a la representación de las distintas cinematografías, la distribución del espacio favorece claramente el cine de Hollywood, seguido a una distancia considerable por el cine nacional

---

[106] El trabajo contó con las colaboradoras, Laura López Gil, Sònia Junyent Alonso y Pepi Vázquez Carrasco, quien analizó las industrias culturales.

y en cierta medida europea; en la gran mayoría de los casos el cine hecho en Barcelona obtiene poca atención.

En el diagnóstico del último plan estratégico barcelonés se expresa esta situación en forma de queja sobre esta poca atención mediática que recibe el cine hecho en Barcelona y aparece la idea de que la mejor o peor cobertura puede estar en relación con la vinculación de los medios a la producción. Los resultados del apartado sobre la distribución no contradicen esta idea puesto que vimos que más que un 80% de la producción cinematográfica española en 1997 estaba ligada a través de diversos canales al Grupo Prisa o su competidor Telefónica, y ambos tienen participaciones en periódicos y televisiones.

En cuanto a la atención por las televisiones, el panorama es parecido al de la prensa. Como hemos visto en el apartado sobre la distribución cinematográfica por televisión, la programación de ficción está caracterizada por las producciones internacionales, incluso en los canales autónomos, y los programas de promoción o crítica por lo tanto también tratan de ellos. Esto no quiere decir que no haya espacios televisivos que no consideren el cine hecho en España como por ejemplo en plataformas digitales, Canal+, La2 o TV3, pero la proporción en la cual analizan y proyectan ocasionalmente una película catalana es mínima. Por poco que sea, este mínimo de atención, no obstante, puede ser muy importante para una industria estructuralmente débil como la industria cinematográfica catalana.

La crítica y los críticos

Como último consideramos el papel de la crítica y los críticos barceloneses. Históricamente, en España el trabajo del crítico era controlado por el estado. Para trabajar hizo falta tener el carnet de periodista y una licencia de la escuela oficial del gobierno. Ahora la prensa y la crítica son independientes.

En cuanto a la crítica cinematográfica, básicamente hay dos clases: a un lado está la crítica para los grandes públicos dirigida al consumo de productos de gran comercialización; la crítica que sirve esta demanda es más bien promoción y consecuentemente no tan libre pues obedece al mercado y al compromiso de los medios hacia la publicidad. Esta crítica no puede ser importante para el cine hecho en Barcelona porque por más que lo desease, no lo considera. Al otro lado existe una crítica más seria que no sirve tanto a la publicidad. Puede funcionar también como promoción en el caso que el producto analizado tenga una buena valoración, pero se fija en todo producto cinematográfico, sea destinado al cine de consumo popular o al público especializado. Ésta crítica es muy importante para un cine marginal como el catalán.

La siguiente cuestión es de averiguar hasta qué punto influyen los críticos en el negocio de cine. Independientemente del grado de confianza que pueden tener los públicos en la crítica, la influencia que puede ejercer el crítico depende del medio en el cual trabaja. Según el ranking de los periódicos difundidos en Barcelona, el crítico clave escribe en El País, seguido por La Vanguardia y El Periódico y hasta cierto punto Avui. Existe una asociación profesional de los críticos a nivel catalán denominada *Associació Catalana de Crítics i Escritors de Cinema*. Reúne algunos ochenta y cinco profesionales que trabajan en los periódicos, revistas, televisiones y radio[107]. Organizan el premio de la crítica que se otorga durante el Festival de Cine de Sitges a la mejor película catalana.

El impacto promovedor mundial de las revistas españolas de cine sobre el cine hecho en España, y particularmente el catalán, es nulo ya que no existe ninguna revista española especializada en cine con renombre internacional. En cuanto al mercado interior, la situación de las revistas barcelonesas especializadas en cine, no obstante, está bastante bien. De las 33 publicaciones a nivel español, 12 se publican en Barcelona y tres de ellas tienen una proyección nacional importante, una a nivel teórico y dos en cuestiones promocionales. Los contenidos de estas dos últimos se rigen a la demanda y publican información sobre las películas más taquilleras que son, con la excepción de *Torrente*, hechas en Hollywood. El papel de evaluación crítica y promoción del cine barcelonés, por lo tanto, está reservado para algunas revistas marginales de poca proyección nacional.

---

[107] Para una comparación de las asociaciones profesionales, ver anexo 6.

Referente a la atención mediática que recibe el cine hecho en Barcelona, el análisis de la presencia del cine catalán en los periódicos con mayor difusión catalana verifica su tratamiento marginal, hecho que se puede deducir de la vinculación de los medios a la producción cinematográfica. En cuanto a las televisiones, la mínima atención que pueda recibir este cine en programas especializados puede ser muy importante para una industria estructuralmente tan débil como la catalana. En el aumento de la presencia del cine catalán en estos medios se halla una verdadera oportunidad para su promoción. Un papel de semejante importancia podría ser jugado por los críticos a todos los niveles profesionales, sea en la televisión, la radio y la prensa diaria o especializada. También aquí se presenta una oportunidad para la promoción del cine autóctono que podría ser igual de significativa para ello que la promoción reciente del cine español en Canal +, La2, las plataformas digitales y El País, que ha contribuido a la mejora de su imagen.

La exhibición

Este apartado considera primero la estructura y la configuración empresarial del subsector y, segundo, la tipología de los cines y su distribución geográfica, al tiempo que sirve de preparatorio para el apartado del análisis del consumo cinematográfico barcelonés.

En los años ochenta la estructura del subsector de exhibición cinematográfica barcelonés se caracterizó por una fuerte concentración empresarial. El 70% de las salas perteneció a dos exhibidoras, la más importante Balañá, seguida por Cinesa. Entre ambas reunieron el 80% de la recaudación en salas[108]. En la actualidad la situación sigue estando caracterizada por una estructura similar pero con algunas matizaciones. Primero, las multinacionales norteamericanas tienen más presencia en el subsector de la exhibición cinematográfica española con la compra de Cinesa y Yelmo. Segundo, el sector barcelonés se ha diversificado ligeramente con la llegada de algunas nuevas empresas al mercado. El grupo Balañá sigue siendo una empresa familiar barcelonesa que opera en multisalas, salas tradicionales y teatros que convierte, según la demanda del mercado, en teatros o cines. Cinesa era originalmente española pero fue absorbida por la Paramount/Universal americana y opera en cines multisalas. Como tercera exhibidora cinematográfica en Barcelona, y segunda empresa autóctona exhibidora catalana más importante, se ha establecido Laurenfilm que es, a la vez, la más importante distribuidora cinematográfica catalana como vimos en el apartado de la distribución por salas. En cuarto lugar interviene en el subsector de exhibición barcelonés la exhibidora madrileña Yelmo, que cuenta con participación americana[109]. Básicamente, son estas empresas las que dominan el subsector; las demás son marginales.

El grupo Filmax es últimamente uno de los más visibles dentro de los subsectores de distribución y producción, que comenzó recientemente a introducirse en el subsector de exhibición barcelonés con la adjudicación del cine Publi en Paseo de Gràcia (2 salas). A un nivel de envergadura empresarial mucho más pequeña, sobrevive la exhibidora familiar catalana Sherlock de Cines Verdi. Exhibe cine minoritario en versión original, recibe subvenciones europeas de MEDIA y pertenece a la red europea de exhibición Euroimagenes[110]. Igualmente, está la sala de la Filmoteca catalana, los cines Mélièrs (2 salas) del cineasta Carles Balagué, que proyecta cine clásico como los antiguamente llamados cines de repertorio, y la pequeña exhibidora familiar Cooper Films, úbicado en Gràcia, que exhibe -como indica su nombre- cine clásico americano en el ámbito de cine amateur. También existe el cine Imax Port Vell, cuya exhibición está limitada a cine de gran formato. Además hay la Associació Catalana d'Exhibició Cinematogràfica, que agrupa a las demás exhibidoras de las ciudades importantes del área metropolitana, y que en su conjunto les facilita una cierta ventaja negociadora con las grandes distribuidoras.

---

[108] Informe INITS. Pág. 192. Ob. Cit.

[109] A pesar de programar principalmente cine comercial en versión original, Yelmo incide directamente en el sector de producción cinematográfica barcelonés porque pasan los cortometrajes de la escuela de cine ESCAC al principio de sus sesiones.

[110] *EUROIMAGENES,* que depende del Consejo de Europa, es un fondo de apoyo con un programa de ayudas a coproducciones, su distribución y apoyo a salas de cine que exhiben películas europeas.

Desde el comienzo de los años setenta hasta el principio de los noventa la evolución del número de pantallas de cine ha vivido un descenso brutal y continuo a nivel español y catalán. De un total de 6.000 salas en 1968 se quedaron solamente 1.773 en 1990, y en Cataluña pasaron de 1.178 salas en 1969 a 300 en 1989. El decremento afectó sobre todo a las zonas rurales.

Tras dos años de estabilización se ha producido, desde 1992 hasta ahora, una recuperación estable de unas 200 pantallas anuales que también se refleja en Cataluña, donde las 300 salas que quedaron en 1989 pasaron a 587 en 1998[111]. La recuperación de salas va acompañada de la desaparición del cine monumental y la creación de palacios multisalas. Allí donde el espacio lo permite, los viejos cines de barrio son reconvertidos en cines de varias pantallas, y en las nuevas zonas del desarrollo urbanístico o en las grandes superficies comerciales en las afueras de las ciudades se crean multicines.

La recuperación de las salas está concentrada en las zonas metropolitanas, que pasó de un 45,6 % (de un total de 2.551) en 1997 a 60,4 % (de un total de 2.988) en 1998[112], y la distribución de la asistencia al cine en España se centra en Madrid y Barcelona con 20,7% y 15,9% de entradas vendidas, respectivamente[113]. Mientras tanto, continúa la tendencia a la desaparición de las salas en las zonas rurales e intermedias[114].

El gráfico 7 muestra el aumento de salas en Barcelona (incluida su área metropolitana) comparada con Madrid:

Gráfico 5: Tendencia de pantallas de Barcelona y Madrid

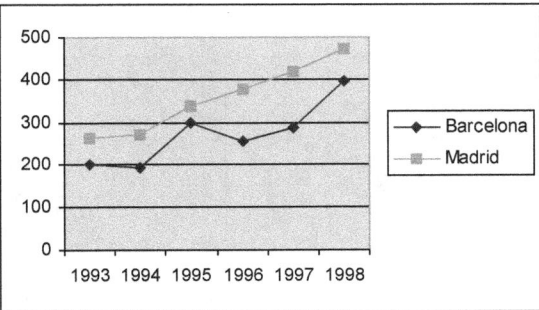

Fuente: ICAA

En el periodo comprendido entre los años 1993 hasta 1998, el número de pantallas de Madrid ha sido alrededor de un 20% mayor que el de Barcelona, que es el segundo centro más importante de exhibición cinematográfica española y el más importante en Cataluña como muestra la tabla 55:

Tabla 55: Número de pantallas de cine en Madrid, Barcelona y Cataluña

---

[111] Anuario SGAE. Pág. 255. Ob. Cit y Boletines informativos de ICAA de los años correspondientes.
[112] Anuario SGAE. Pág. 259. Ob. Cit.
[113] Ibid. Pág. 264
[114] Mientras que la presencia de salas en zonas metropolitanas era de un 60,4% en 1998, el 38,2% de la población española reside en localidades sin cine. Anuario SGAE. Pág. 257.

Ciudad	1993	1994	1995	1996	1997	1998
Madrid	262	280	339	378	420	473
Barcelona	226	243	285	329	351	395
Girona	40	42	39	39	51	68
Leída	41	39	38	39	39	40
Tarragona	51	53	63	62	67	84

Fuente: ICAA

La ubicación de los cines en Barcelona

En el gráfico 8 comparamos la distribución geográfica de los cines barcelonés de las últimas dos décadas. En ambas, el Eixample alberga la mayor condensación de cines cuyo número apenas ha variado (de 26 en 1986 a 24 en 1998). La zona con la segunda concentración más densa es el también céntrico distrito de Ciutat Vella. El número es mucho más pequeño que la del Eixample, con cinco en 1989 y siete en 1998. Su situación es comparable con los menos céntricos barrios de Sarriá-Sant Gervasi y Gràcia cuyo número de cines es similar en ambas décadas.

Gráfico 6: Ubicación de los cines de Barcelona de los años 1989 y 1998

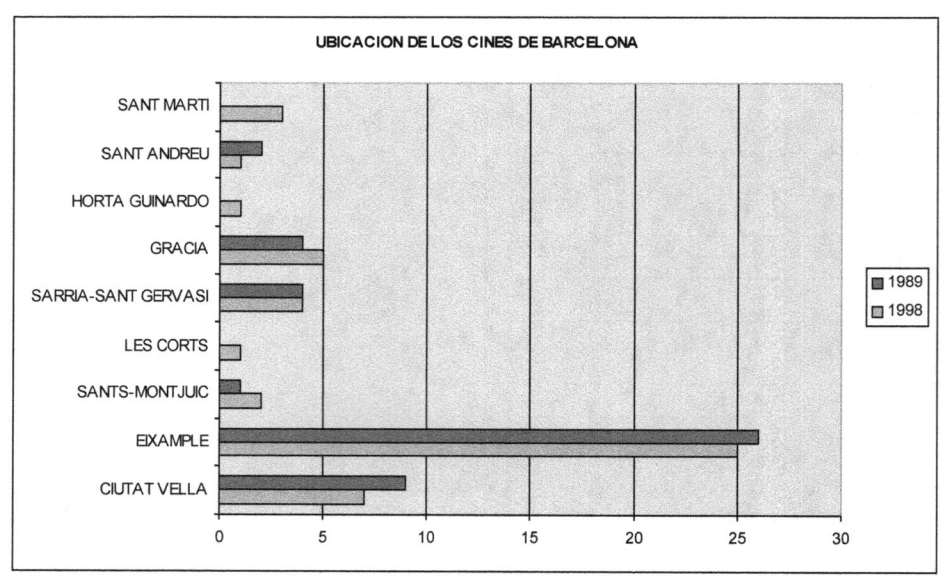

Fuente: Anuarios estadísticos de la Ciudad de Barcelona 1989 y 1998
Elaboración propia
Ver anexos 7 y 8

Si nos fijamos en el número de salas, no obstante, observamos que el panorama cambia considerablemente como muestra la tabla 56 en la página siguiente:

Tabla 56: Cines y salas por distritos barceloneses y años

	Cines		Salas	
Distrito	1989	**1998**	1989	**1998**
Ciutat Vella	5	7	9	18
Eixample	26	24	37	43
Sants- Montjüic	1	2	1	2
Les Corts	0	1	0	6
Sarrià- Sant Gervasi *	4	5	5	22
Gràcia	4	5	10	24
Horta- Guinardó	0	1	0	8
Sant Andreu *	2	2	2	14
Sant Marti	0	3	0	24
TOTAL	**42**	**50**	**63**	**161**

* Los más recientes cines en cuanto a multisalas son los cines Cinesa Diagonal en Sarrià-Sant Gervasi (1999) y las multisalas Warner en el centro comercial La Maquinista en Sant Andreu (2000).

Fuente: Anuarios estadísticos de la Ciudad de Barcelona 1989 y 1998
        Elaboración propia

La mayor concentración de la exhibición cinematográfica de la ciudad se concentra en el Eixample. En cuanto a su desarrollo, la tendencia es hacia cines con varias salas: en la última década, y respecto a la anterior, los distritos céntricos han doblado sus salas sin grandes cambios en el número de sus cines. Esta tendencia dentro del núcleo céntrico de la ciudad, sin embargo, va acompañada de la apertura de cines multisalas en los nuevos centros comerciales y de entretenimiento que tradicionalmente no están relacionados con el consumo cinematográfico. Su distribución geográfica y número de salas se resume en la siguiente tabla 57. Últimamente se han inaugurado multisalas en el nuevo centro lúdico del puerto, el Maremagnum (8 salas), en grandes superficies comerciales como los multicines Warner en La Maquinista (13 salas) en el barrio de Sant Andreu o en barrios de una nueva identidad urbana como el distrito de San Martí. En él se encuentran los multicines Yelmo Icària (15 salas) de la Villa Olímpica y las multicines Glorias (7 salas) en Las Glorias, zona que se ha convertido en el nuevo enfoque del desarrollo urbanístico comercial-cultural-tecnológico. Cuenta con el Auditorio y el Teatro Nacional de Cataluña al otro lado de la Meridiana y con la nueva zona comercial Diagonal Mar situado donde la Avenida Diagonal inicia su prolongación hacia el mar. La incidencia de la reestructuración urbana del distrito de San Marti de los últimos años también se nota en esta espectacular apertura de salas de cine en un distrito donde hace apenas diez años no había ningún cine. Además, se inauguraron el multicine Cinesa Diagonal (11 salas) y el antiguo cine Bosque, ubicado en Grácia y lindando con Sant Gervasio, reabrió recientemente sus puertas reconvertido en 9 salas.

Tabla 57: Cines y salas por distritos céntricos y de periferia urbana

Distrito	Cines	Salas
Nucleo urbano		
Eixample	24	43

Ciutat Vella[115]	6	10
Total	**30**	**53**
Multicines de periferia urbana		
Icària	1	15
Warner La Maquinista	1	13
Cinesa Diagonal	1	11
Multicines Bosque	1	9
Maremagnum	1	8
Lauren Horta	1	8
Gran Sarriá Multicines	1	8
Las Glorias	1	7
Total	**8**	**79**
Otros cines		
Gràcia	4	15
Les Corts	1	6
Sarrià- Sant Gervasi	3	3
Sants- Montjüic	1	1
Sant Andreu	2	2
Sant Marti	1	2
Total	**12**	**29**
TOTAL	**50**	**161**

* El más reciente añadido en cuanto a multisalas en este distrito han sido las multisalas Warner en el centro comercial La Maquinista en el año 2000.

Fuente: Anuarios estadísticos de la Ciudad de Barcelona 1998. Elaboración propia

Frente al fenómeno de los cines multisalas en las zonas de la periferia urbana, la situación de los cines tradicionales no ha experimentado una reconversión en un número muy elevado de salas. Tradicionalmente, el cine era el cine de una sala que caracterizó la gran mayoría de los cines de Barcelona. En los años ochenta, sus 63 salas se distribuyeron entre 42 cines, 30 de ellos de una sola sala, algunos de 2 ó 3 y solo dos de 4 salas. En el Eixample, la zona de más alta concentración de cines, se concentraron 37 salas en 26 cines. En la actualidad, el Eixample todavía registra la mayor concentración de cines pero la mayoría de ellos solo tienen uno o máximo dos salas (19 de 24): en total 43 salas en 24 cines, lo que significa un 25% del global de la ciudad. La relación entre cines y salas, no obstante, es mucho más baja que en las nuevas zonas de la ciudad.

Como muestra la tabla anterior, en la actualidad las 161 salas de la ciudad se distribuyen entre 63 cines, con una concentración de casi el 50% entre 8 multicines que no están ubicadas en el centro tradicional de la exhibición cinematográfica barcelonés sino en la periferia urbana, compuesta por los distritos fuera del Eixample y de la Ciudad Vella. De este modo se verifica una tendencia hacia la desconcentración urbana de las salas en favor de su concentración en la periferia urbana, donde se encuentran barrios de una identidad urbana renovada con la excepción del barrio de Gràcia, cuya exhibición cinematográfica muestra la tercera concentración más alta de salas en Barcelona con 24 salas en 5 cines, de las que 9 están en el reconvertido cine Bosque, 5 en el cine Lauren, 9 en los cines Verdi y Verdipark y dos en el Casablanca. La programación de cine europeo y americano independiente de estos tres últimos añade ambiente artístico en Gràcia mientras que los demás cines multisalas, debido a su dependencia de las grandes empresas exhibidoras, proyectan cine para

---

[115] Excluimos el Maremagnum del centro de la Ciudad Vella por su ubicación sobre las aguas del puerto y lo incluimos en la periferia urbana.

el gran público.

En cuanto al área metropolitana, la tendencia al alta en la creación de nuevas salas predicha en el anterior informe Inits[116] se confirma fijándose en el desarrollo de las nuevas multisalas de Barcelona[117].

La tabla 58 compara el número y tipos de cines de la ciudad con la periferia urbana y el área metropolitana. Entendemos como salas de la ciudad salas en cines del núcleo urbano de la exhibición cinematográfica tradicional; la periferia urbana comprende los distritos barceloneses menos este núcleo y menos el área metropolitana.

Tabla 58: Salas en multicines (más de 2 salas) por zonas metropolitanas en el 2000

Zona	Salas	%	Salas en multicines	%
Núcleo urbano	53	11,75	22	41,50
Periferia urbana	108	23,94	79	73,14
Área metropolitana	290	64,30	209	72,06
Total Barcelona	**451**	**100**	**310**	**68,73**

Fuente: Elaboración propia (ver 8)

Como muestra la tabla, en la actualidad solamente 53 salas de cine de Barcelona se encuentran en su núcleo tradicional de exhibición cinematográfica; de ellas un 41,50% en multicines. 108 salas están ubicadas en la periferia urbana, 79 de ellas en multicines, lo que representa el 73,14%. En el área metropolitana encontramos 290 salas; un 72.06% de ellas están en multicines (209). En total, el 68,73% de todas las salas de cine de Barcelona está ubicado en multicines que principalmente se encuentran en el área metropolitana barcelonesa.

La estructura y la configuración empresarial del subsector están caracterizada por una fuerte concentración empresarial. Entre las cuatro empresas exhibidoras más importantes del subsector barcelonés se encuentran dos empresas autóctonas catalanas familiares y dos multinacionales que proyectan mayormente cine americano. Las demás exhibidoras son marginales, proyectan cine europeo e independiente; son empresas de estructura económica débil que dependen en parte de subvenciones europeas o que pertenecen al ámbito institucional o amateur. En cuanto a la distribución geográfica y tipología de los cines, la tendencia de la exhibición cinematográfica barcelonesa se caracteriza, a un lado por la desconcentración urbana y concentración en la periferia urbana y el área metropolitana y, al otro lado, por la centralización en multisalas en las zonas de fuera del núcleo urbano, donde más del 70% de las salas está ubicado en cines de como mínimo tres salas.

---

[116] Ob. Cit,. Pág. 189
[117] Ver también: *La dimensió econòmica i laboral del sector cultural de Barcelona.* SVP Information Consultans. Barcelona ,1998. Pág 16.

Los públicos

En este apartado analizaremos los públicos cinematográficos barceloneses. Comenzamos con primeras magnitudes, a nivel español, como el gasto cinematográfico promedio y la frecuencia de asistencia al cine. A continuación presentamos una serie de rasgos significativos del público barcelonés tales como sus preferencias estéticas y su distribución territorial y social.

Relacionado con la estimable recuperación de salas descritas anteriormente, se ha producido también un incremento del número de espectadores. La tabla 59 muestra su evolución:

Tabla 59: Evolución del número de espectadores cinematográficos 1980-1998

Año	Espectadores
1980	175.995.000
1985	101.117.000
1990	78.511.000
1995	94.600.000
1998	107.468.000

Fuente: Fernández Blanco, Víctor: *El cine y su público en España*. Fundación Autor,
    Madrid, 1998 y Anuario SGAE 1998

Según los últimos datos de la SGAE, la recaudación que proviene de estos espectadores ha ascendido de 1997 a 1998 en un 13.7% mientras que el incremento en el número de espectadores ha sido solamente del 2.3%, lo que supone un sustancial aumento del gasto cinematográfico por persona: de 1997 a 1998 fue del 8.4%[118]. La tabla 60 compara el gasto cinematográfico por persona entre Madrid y Barcelona:

Tabla 60: Gasto cinematográfico en Madrid y Barcelona por persona en 1998

Ciudad	Gasto (en pesetas)
Madrid	2.957,79
Barcelona	2.472,55
Promedio español	1.638,49

Fuente: Anuario SGAE 1999

El gasto por persona es mayor en Madrid que en Barcelona. En comparación con el resto de España, ambos ciudades tienen un gasto por habitante mucho más alto que el promedio español. Al otro lado de espectro se encuentran las ciudades de Andalucía con un promedio entre 800 y 1200 pesetas. En cuanto a la asistencia a los cines, también son Madrid y Barcelona las ciudades que registran un mayor número de público. La tabla 61 presenta la asistencia al cine por comunidades autónomas en 1998.

Tabla 61: Asistencia al cine por comunidades autónomas en 1998

Comunidad	Número	%
Madrid	22.245.876	20,7
Cataluña	17.087.412	15,9
Total	107.468.000	100

Fuente: Anuario SGAE 1999

---

[118] Anuario SGAE, Pág. 272. Ob. Cit.

También referente a la frecuencia de asistencia, Madrid y Barcelona se establecen por encima del promedio del nivel español, como muestra la tabla 62:

Tabla 62: Frecuencia de asistencia al cine (en %)

Frecuencia	Madrid	Cataluña	España
1 vez por semana	6,6	6,4	5,5
2-3 veces al mes	10,0	10,9	8,6
1 vez al mes	13,2	13,6	11,5
5-6 veces al año	14,2	13,3	12,0
menos	14,6	13,1	13,0
casi nunca	41,3	42,5	49,3
NS/NC	0,0	0,2	0,1

Fuente: Informe SGAE sobre hábitos de consumo cultural. Fundación Autor. Madrid. 2000.

Como muestran los números anteriores, Madrid y Barcelona representan, en este orden, los núcleos de consumo cinematográfico español. En Madrid se gasta más y más gente asiste con más frecuencia al cine que en Barcelona. Asimismo, en cuanto a sus gustos, los públicos cinematográficos de ambas ciudades son distintos, como veamos a continuación.

Como muestra la tabla 63, el público español prefiere las películas hechas fuera de España. A la recuperación de salas descrita en el apartado de exhibición le acompaña la tendencia al alza de los espectadores de cine español y de los espectadores total. En general, el público español prefiere el cine hecho fuera de España, bien sea por el dominio del mercado por los majors americanos o por preferencias estéticas.

Tabla 63: Número de espectadores del cine en España años 1994-1998

Año	Cine español	Total espectadores
1994	7.415.040	89.096.732
1995	11.521.830	95.962.791
1996	10.164.565	104.264.993
1997	13.298.730	105.044.870
1998	13.731.469	112.143.150

Fuente: Anuarios El País

La tabla 64, que compara los espectadores del cine español de Barcelona y Madrid entre los años 1994-1998, matiza un rasgo muy interesante entre las dos ciudades: el público barcelonés muestra un escaso interés por el cine español en contraste con el interés, relativamente alto, del público madrileño.

Tabla 64: Número de espectadores de cine español de Barcelona y Madrid entre los años 1994-1998

Lugar	Cine español		Total espectadores	
1994-1984	número	%	número	%
Barcelona	7.421.434	13,22	78.373.873	15,47
Madrid	13.524.405	24,09	108.327.886	21.38
España	56.131.434	100	506.512.336	100

Fuente: Anuarios El País
       Elaboración propia

En cuanto a distribución territorial, el consumo cinematográfico español sigue la tendencia generalizada hacia la concentración metropolitana presentada en la tabla 65.

Tabla 65: Distribución territorial de recaudación en España en 1997 y 1998 por hábitat (en porcentajes)

Hábitat	1997	1998
Zonas metropolitanas	63,8	65,4
De 30 a 200 mil	24,3	22,5
De 10 a 30 mil	6,0	6,3
De 5 a 10 mil	2,3	2,3
Menos de 5 mil	3,6	3,6
Total	100	100

Fuente: Anuario SGAE 1999

El mayor volumen de recaudación se concentra en las grandes ciudades y áreas metropolitanas y se intensifica, como señala el crecimiento de recaudación de 1997 a 1998. La distribución territorial del consumo cinematográfico catalán sigue esta tendencia, como señala la tabla 66.

Tabla 66: Distribución territorial del consumo cinematográfico catalán por recaudación (en pesetas)

Provincia	1997	1998	%
Barcelona	13.347.473.127	15.063.309.836	83,29
Girona	1.004.487.352	1.352.934.885	7,47
Tarragona	847.788.456	1.173.556.150	6,48
Lleida	425.447.400	493.721.075	2,72
Cataluña	15.625.296.335	18.083.521.946	100

Fuente: Estadístiques Culturals de Catalunya. Departament de Cultura, 2000
          Elaboración propia

La concentración de la recaudación cinematográfica catalana en Barcelona en el año 1998 fue casi absoluta con el 83,29% del total de toda Cataluña. En cuanto a la distribución territorial del consumo cinematográfico en Barcelona, el reparto entre la ciudad y la provincia se muestra en la tabla 67:

Tabla 67: Distribución territorial del consumo cinematográfico barcelonés por recaudación (en millones de pesetas)

Barcelona	1996	1997	1998	%	Populación	%
Ciudad de Barcelona	6.880	6.955	7.630	51,98	1.508.808	32,58
Provincia de Barcelona	12.828	13.347	15.063	100,00	4.628.277	100,00

Fuente : Recaudación Ciudad de Barcelona: Institut de Cultura. Ajuntament de Barcelona, 1999.
Recaudación Provincia de Barcelona: Departament de Cultura. 2000
Populación: Padró municipal d'habitants, 1996. Institut d'Estadistica de Catalunya.
Elaboración propia

En el periodo entre 1996 y 1998 el reparto entre la ciudad y la provincia era casi igual: Barcelona ciudad recaudó el 51,98% del total de la provincia. Por lo que respecta a la distribución de la populación entre la ciudad y la provincia, se registra una concentración del 32,58% en Barcelona ciudad. Relacionado de este modo, vemos una cierta concentración del consumo cinematográfico en la ciudad que es lógico y de esperar del centro del área metropolitana. Como el grado de concentración no es muy alto, no se observa un dominio de la ciudad sino que debido al carácter multicéntrico de la metrópoli barcelonesa, hay una distribución más equilibrada entre Barcelona y su provincia.

Igual que la tendencia hacia la concentración territorial del consumo cinematográfico en las áreas metropolitanas, también se evidencia la pauta de un carácter cada vez más socialmente elevado de la asistencia al cine que ya ha sido señalada a nivel español por el anteriormente citado informe de la SGAE sobre consumos culturales[119]. Como revela la tabla 68, extraída de la encuesta metropolitana barcelonesa, el consumo cinematográfico de la ciudad y su área metropolitana se divide entre los jóvenes, las clases media y alta y entre los que tienen estudios secundarios y universitarios.

Tabla 68: Frecuencia de asistencia al cine según factores sociales en el área metropolitana barcelonés

	Total	Residencia			Sexo		Edad					
		BCN	1ª C	2ª C	H	M	<26	26-35	36-45	46-55	56-65	>66
A menudo	14,6	15,7	13,6	14,1	14,3	14,8	38,1	20,6	10,6	8,8	2,8	1,9
Ocasionalmente	21,3	24,8	18,1	19,4	21,9	20,7	37,9	33,0	25,0	13,2	9,3	4,9
Casi nunca	15,8	15,8	14,7	17,1	17,4	14,4	14,0	21,4	23,2	17,2	11,7	6,5
Nunca	48,3	43,7	53,6	49,3	46,3	50,1	10,0	25,0	41,2	60,9	76,3	86,7

	Nivel de estudios				Categoría socioeconómica		
	Sin estudios	Primaria	Secundaria	Universitaria	Baja	Media	Alta
A menudo	1,0	8,8	25,6	29,4	9,4	18,8	24,7
Ocasionalmente	3,1	17,0	33,9	34,7	15,8	25,7	30,3
Casi nunca	3,1	16,6	19,4	19,9	13,2	18,4	20,7
Nunca	93,1	57,5	21,1	16,1	61,6	37,0	24,3

Fuente: Encuesta Metropolitana 1995

---

[119] Fundación Autor, Madrid, 2000.

En los últimos años se ha producido una constante recuperación de salas en España que ha ido acompañado de un incremento estable de espectadores a nivel español y también catalán. Madrid, y en segundo lugar Barcelona, se han confirmado como los dos centros más importantes del consumo cinematográfico. Ambas ciudades registran niveles de gasto cinematográfico por persona y frecuencias de asistencia muy por encima del promedio español. En cuanto a las preferencias estéticas de los públicos, de las dos ciudades destaca el relativo poco interés del público barcelonés por el cine español que puede ser atribuido al carácter muy madrileño y poco barcelonés del reciente cine español. Referente a la distribución territorial del público, se observa a nivel español una tendencia hacia la concentración del consumo cinematográfico en las grandes zonas metropolitanas que, asimismo, repercute en la misma pauta del consumo cinematográfico catalán en Barcelona. Al otro lado, el reparto entre Barcelona y su provincia muestra un ligero grado de concentración a favor de la ciudad que atrae los públicos de su área metropolitana. Esta centralidad, sin embargo, está limitada por el carácter multicéntrico de la metrópoli barcelonesa caracterizada por la presencia de importantes y asentadas ciudades a su alrededor y su oferta cinematográfica. Respecto a la distribución social de los públicos, se evidencia cada vez más el carácter urbano y socialmente elevado de la asistencia al cine, hecho que está perfectamente reflejado en el resto de España.

2.3. El ámbito asociativo

Como último, consideramos del mapa organizacional el ámbito asociativo que comprende los cineclubs y el cine amateur. El subsector, aunque siendo relativamente pequeño dentro del sector cinematográfico, forma un ámbito aparte ya que no sigue las leyes del mercado ni la lógica del ámbito público, sino que está caracterizado principalmente por la lógica asociativa. Es un sector importante de actividad cinematográfica que reúne a todos aquellos con un interés cinematográfico lo suficientemente fuerte como para conseguir alguna actividad relacionada con el cine, sea puro placer de cinéfilo o hacer cine amateur. En el sector encuentran un cierto grado de formación y, en cuanto a los públicos cinematográficos, especialización. Comenzamos con una breve historia de los cineclubs; seguimos con la ubicación de los cines no comerciales dentro de la ciudad y finalizamos recurriendo a los datos sobre las escuelas de cine y sus alumnos.

Los cineclubs[120]

El cineclub nació de manos de Buñuel en una residencia de estudiantes como algo de cinéfilo y por su amor al cine como arte. Durante la República se desarrolló más y ganó en popularidad, pero se mantenía básicamente en el mundo del cine de la vanguardia. La izquierda utilizó los cineclubs para hacer propaganda y se creó una federación de cineclubs proletarios seguido, en los años del franquismo, por los cineclubs oficiales de orientación política opuesta, las del SEU (Sindicato Español Universitario). Al mismo tiempo existían cineclubs religiosos de los colegios de los Jesuitas y después los cineclubs independientes, como por ejemplo el cineclub barcelonés *Monterols* donde confluyeron una serie de jóvenes, entre ellos José Luis Guarner y José María Otero. El primero llegó a ser considerado como uno de los más importantes críticos y ensayistas cinematográficos de habla hispana; el segundo fue el primer secretario general de la Federación Nacional de Cineclubs y es, desde 1996, director general del ICAA. Ambos promovieron en 1959 la Semana Internacional de Cine en Color de Barcelona que más tarde se convirtió en el Festival de Cine de Barcelona. Tenían un especial interés por la estética y desarrollaron un trabajo documental con una colección de libros de cine y crítica con la publicación de una revista especializada denominada *Documentos Cinematográficos*.

Aparecieron después algunos cineclubs de carácter casi exclusivamente político. Eran foros de debate político tras los que algunos acabaron en la cárcel o detenidos como por ejemplo Miquel Porter-Moix.

En los años sesenta nace el cine de arte y ensayo: comienza la crisis de los cineclubs que en los años setenta prácticamente desaparecen con el cambio político y la innovación del vídeo. Los cinéfilos de entonces optaron por establecer sus propias bibliotecas. Hoy en día, el cineclub ha perdido el sentido y la función que tuvo en el pasado. Incluso la posible función de organizar sesiones o ciclos culturales queda cubierta por las filmotecas. Éstas pertenecen al ámbito público, están relacionadas internacionalmente, intercambian películas y organizan tertulias y conferencias. Consecuentemente, el cineclub como gran fenómeno social ya no tiene sentido ni como institución político-social ni como defensor del cine como expresión cultural. Sólo algunos se mantienen, como el legendario cineclub barcelonés *Monterols* dentro del marco universitario y con grandes dificultades económicas.

Sigue existiendo, sin embargo, la federación catalana de cineclubs que se independizó de la asociación de cineclubs a nivel español a principios de los años noventa. Llegó a publicar una revista especializada de cine donde escribieron, entre otros, críticos catalanes de renombre universitario como Riambau, de la UAB, y Monterde y Porter-Moix, de la UB. Económicamente débil como sus socios, la labor de la federación se caracteriza por la organización esporádica de talleres para guionistas amateur, la colaboración puntual con la Filmoteca Catalana o con escuelas en su labor pedagógica, y la promoción de la exhibición de producciones autóctonas particularmente en las comarcas de Cataluña. Después de la crisis externa de los cineclubs a nivel

---

[120] Caparrós-Lera., 2000 y entrevista con el autor.

español, hubo una crisis interna de la federación que culminó en la separación de la federación catalana de la española. Desde entonces ha habido una cierta recuperación de las actividades de los cineclubs de Barcelona. Aunque lejos de los casi 300 cineclubs de comienzos de los años setenta y tras la casi completa desaparición de la federación en los años ochenta, sus actividades han aumentado considerablemente durante los último cinco años: ha promovido unas 1500 películas de cine minoritario a pesar de sus dificultades económicas. Barcelona cuenta ahora con cuarenta cines no comerciales (ver tabla 69) y las comarcas con algunos treinta más[121]. La federación agrupa a estos cineclubs y les ofrece los servicios que puedan necesitar para el desarrollo de sus actividades como la gestión de las películas con las distribuidoras, la facilitación de transporte, la organización de cursos o el montaje de ciclos y exposiciones temáticos. Actúa de financiera para los cineclubs que no pueden pagar a las distribuidoras por adelantado y depende, en parte, de las subvenciones de la Generalitat. Curiosamente, las subvenciones las otorgan bajo el concepto de cultura popular y tradicional y no de cinematografía ya que, en cierto modo, los cineclubs son la competencia de Catalan Films. Colaboran también con los festivales, aunque a un nivel inferior al de COPEC, que colabora con Berlín y Cannes, participando y promocionado el cine catalán en los festivales de menor importancia como los de Manresa, Girona, Vilafranca, Igualada, Gavà y Porto, estos tres últimos internacionales.

Los cines no comerciales de Barcelona

La tabla 69 compara la ubicación de los cines no comerciales y comerciales en los distritos barceloneses. La información detallada sobre los cines se encuentra incluida en el anexo 10.

Tabla 69: Cines no comerciales y comerciales por distrito barcelonés en 1998

Distrito	cines no comerciales	cines comerciales	número de salas comerciales
Ciutat Vella	10	7	18
Eixample	6	24	43
Gràcia	1	5	24
Horta- Guinardó	2	1	8
Les Corts	3	1	6
Nou Barris	1	0	0
Sant Andreu	4	2	14
Sant Marti	6	3	24
Sants- Montjüic	2	2	2
Sarrià- Sant Gervasi	5	5	22
TOTAL	**40**	**50**	**161**

Fuente: Anuarios estadísticos de Barcelona
        Elaboración propia

Las 40 pantallas no comerciales representan el 25% de las 161 salas comerciales, lo que se traducen en que sigue existiendo cierta demanda, aunque pequeña, de cine minoritario. Además, la existencia dominante en algunos barrios de pantallas comerciales no disuade de la presencia de los no comerciales. Asimismo, se observa una alta concentración de cines no comerciales en el núcleo del consumo cinematográfico tradicional que comprende el Eixample y la Ciudad Vella, y también una cierta concentración en el barrio de Sant Marti, distrito por excelencia de la nueva identidad cultural urbana donde se hallan los grandes multicines de la periferia urbana y donde anteriormente no había cines.

---

[121] Información obtenida por Francisca Prats de la Federación Catalana de Cineclubs

Escuelas de cine

Como hemos visto en el apartado de las escuelas de cine, existe un número elevado de escuelas privadas cinematográficas en Barcelona. Aparte de los 16 centros que se anuncian en la Guía Profesional del sector, contamos los 60 centros de enseñanza audiovisual que figuran en la guía de la Generalitat de Centros de enseñanza audiovisual no homologados. En total hay 76 centros privados de este tipo en Barcelona y aun siendo centros no homologados, sus diplomas o equivalentes dan pie a una inserción en el mundo laboral de carácter muy heterogéneo. Además la demanda laboral especializada está muy limitada por la debilidad estructural del sector audiovisual barcelonés. Consecuentemente, de los alumnos formados cada año en escuelas audiovisuales barcelonesas, solamente una cantidad limitada tiene perspectiva real de encontrar trabajo en el medio. Del mismo modo, el eventual trabajo artístico es altamente incierto, lleno de riesgos e inconsistente donde temporadas de intensa actividad frecuentemente son seguidas por épocas de inactividad. En resumen, los profesionales formados en el mundo audiovisual, sea en el ámbito público o privado, forman un conjunto con un grado de actividad y profesionalidad muy diverso que, de un modo u otro, tienden a asociarse con su mundo artístico, si no es a nivel profesional, a nivel amateur, bien sea haciendo cortos, proyectos en vídeo, participando en charlas, expandiendo su formación o simplemente haciéndose cinéfilos. Todos estos amateurs forman un público especializado que contribuye a la demanda de un cine diversificado.

A modo de conclusión, cabe destacar en primer lugar el importante potencial que supone el ámbito asociativo en cuanto a la distribución del cine autóctono. Parece que los cineclubs también podrían contribuir a una mayor difusión geográfica del cine minoritario. Además llevan a cabo una importante labor pedagógica acompañada de la proyección de películas con la posibilidad de debate y reflexión contribuyendo, de esta forma, a la formación de un público más especializado en cuestiones cinematográficas. Igualmente promueve la labor de la federación de los cineclubs de difundir cine minoritario a nivel local en vez de en los circuitos gloriosos de los festivales internacionales de primera categoría. Precisamente es en aquel nivel donde encontramos un relativamente importante número de cines no comerciales concentrados en la ciudad combinado al mismo tiempo con el aumento reciente de la actividad de los cineclubs en las comarcas. Todo ello nos indica que hay una demanda para el cine de minorías del que se podría aprovechar el cine hecho en Barcelona.

En segundo lugar, el ámbito asociativo sirve de refugio para todos aquellos que rebosan del sistema formativo o del incierto universo profesional del mundo audiovisual que forman un importante caldo creativo y un público especializado que se manifiesta, a un lado, en un aumento de actividades de cine amateur en los subsectores del cine de cortometrajes y del documental y, al otro lado, por la ya documentada demanda por un cine no comercial, manifiesta en el número de cines no comerciales, la programación independiente de los cines Verdi, Casablanca y Mélièrs y por el abanico de festivales alternativos de Barcelona.

3. A modo de conclusión: la actividad cinematográfica

Habitualmente la situación del cine catalán es vista por los políticos, los propios artistas y profesionales o por la crítica como una crisis permanente. En este sentido, el sabor pesimista de la evaluación de una industria estructuralmente debilitada tiene poco sentido sin la consideración de las condiciones globales de la industria cinematográfica, ya que bajo ellas la industria de cine catalán no representa ninguna excepción de particular gravedad dentro del panorama mundial sino que representa la norma. Por lo tanto, la situación débil del sector cinematográfico barcelonés no merece una interpretación negativa de su escasa producción sino un análisis global de sus posibilidades e impedimentos. Barcelona como lugar de producción cinematográfica vive al margen de la centralidad madrileña que, en cambio, no puede reclamar ninguna centralidad mundial frente al dominio americano del mercado mundial; más bien se encuentra en una situación parecida a la catalana en cuanto a la cuota de mercado, en términos económicos, y a la producción simbólica, en términos culturales. A causa de las circunstancias adversas del panorama global, las industrias cinematográficas europeas están sujetas a una intervención pública constante, más o menos protectora y polémica, luchando en contra de medidas liberalizadoras y antiproteccionistas. Salvo algunos éxitos puntuales, la situación del cine europeo, español y catalán, sí se puede resumir como situación crítica, siempre amenazada por la avalancha del cine comercial total americano que a la larga ha tenido como respuesta local un cine autóctono, de autor y de carácter nacional, y al tiempo ha llevado la creación artística a un elevado grado de precariedad. A nivel catalán, esta precariedad está condicionada por la débil producción y se manifiesta en la esencia de la tradición cinematográfica, en las condiciones de la articulación de la cadena productiva del producto cinematográfico, desde su concepción hasta su consumo, y a nivel urbano, en un determinado grado de aglomeración productiva y de configuración sociotécnica que determina la categoría del dinamismo del sector. Después de la consideración de los elementos del mapa organizacional de la primera parte de este informe trataremos a continuación, y a modo de conclusión, estos temas.

La producción cinematográfica catalana está marcada por la debilidad expresada en la relativamente escasa producción y en la atomización del sector. Durante los últimos diez años, comparado con el resto de la producción cinematográfica española, ha sido bastante irregular como muestra la tabla 70[122].

Tabla 70: Producción cinematográfica catalana y española

Año	1989	1990	1991	1992	1993	1994	1995	1996	1997	1998
Cataluña	12	13	20	10	13	8	6	14	7	12
Resto España	35	29	44	42	43	36	53	77	58	68
TOTAL	47	42	64	52	56	44	59	91	65	80
% Cataluña /Total	25.53	30.95	31.25	19.23	23.21	18.18	10.16	15.38	10.76	15.00

Fuente: *La industria audiovisual a Catalunya: una nueva etapa.* Comissionat per a la Societ de la Informació. Barcelona 2000. Pág. 65.

---

[122] Referente la producción cinematográfica catalana, nos encontramos con una considerable disparidad de definiciones en cuanto a productoras, producciones y cifras catalanas. La cifras oficiales, por ejemplo, tienden a incluir a la productora Lolafilms, que tuvo sus origines en Barcelona pero que ya hace tiempo tiene su sede fiscal y social en Madrid. El caso de Lolafilms es particularmente significativo puesto que es una de las productoras más importantes españolas de los últimos años y que está ligada a un potente grupo de comunicación. Consecuentemente, hay informes oficiales que presentan la producción catalana en dos variantes, una incluyendo y otra excluyendo a la Lolafilms. Asimismo hay definiciones de producción catalana industrial, fiscal y coproducciones. En la tabla 63 figuran las producciones y hechas por productoras con sede en Cataluña.

En la tabla, el espectro de cifras globales comprende desde su número más alto, con 20 películas producidas en 1991, hasta el más bajo, con sólo 6 producciones en 1995. El promedio de los últimos 10 años ha sido de 11.5 películas por año que, comparado con el promedio de 48.5 del resto de España, significa que se produce menos de una cuarta parte de la producción cinematográfica española en Barcelona[123].

En cuanto a la atomización del sector, las productoras puramente cinematográficas barcelonesas están, de un lado, caracterizadas por su corta vida y, de otro, por su escaso relieve económico. Hay muchas productoras vinculadas a un solo proyecto que al finalizarlo cierran o desaparecen, o incluso antes por problemas económicos. Los que trabajan con cierta continuidad producen películas de forma artesanal, es decir, una película detrás de otra y no de forma industrial, o que se diversifican como productoras del sector audiovisual con más o menos éxito, pues la situación estructural del sector audiovisual barcelonés es parecida a la del cine. Aunque el volumen de la producción audiovisual es más grande en algunos subsectores como la producción televisiva y sobre todo de animación[124], también aquí nos encontramos con una concentración del negocio en algunas empresas fuertes frente a productoras débiles y de poca continuidad. La debilidad de la producción es reforzada por la escasa recaudación de las películas catalanas que sólo en pocos casos permite su amortización. Partiendo de las 23 películas españolas con más de 100.000 espectadores en 1998 y de su respectiva recaudación, comparamos las 23 películas catalanes de mayor recaudación en la tabla 71. (La lista detallada de las películas está incluida en el los anexos 11 y 12)

Tabla 71: Recaudación hasta 1998 de las 23 películas españolas y catalanas más exitosas

	Recaudación en pesetas
Cine Español	6.407.022.234
Cine Catalán	689.267.955
Catalán / Español	10.75 %

Fuente: Anuario SGAE 2000
          ICAA

Como concluimos anteriormente, la producción catalana de los últimos 10 años representa el 23% de la producción española. A pesar de ello, su recaudación no supera el 11% del cine español, como muestran las cifras de la tabla 71[125]. Las razones de esta situación se pueden resumir en el hecho de que el cine catalán carece de una distribución y promoción fuerte, además de la poca acogida del cine catalán en España, circunstancia que tratamos a continuación con el análisis de la configuración discursiva del cine catalán[126].

---

[123] Como hemos visto en el apartado de las productoras, todas las importantes están ubicadas en Barcelona y, por lo tanto, se puede hablar del cine hecho en Barcelona.

[124] Entre las cinco productoras europeas de animación más potentes hay 3 productoras catalanas en las posiciones 1,2 y 5. (Ver anexo 13).

[125] A modo de comprobación de nuestros resultados nos remitimos al informe de Baró, Ezequiel y Cubeles, Xavier., *El futur desenvolupament de les indústries de continguts d'informació de la ciutat de Barcelona*. Ajuntament de Barclelona. 2000. Pág. 119. Los autores han llegado a la siguiente conclusión referente al mercado español cinematográfico, excluyendo la productora Lolafilms: del 1995 al 1997 se estrenaron 35 películas catalanas en España que representa un 18%. La recaudación de los filmes catalanes en este periodo era del 9,4% del total de recaudación de las películas españolas.

[126] Las películas de Ventura Pons gozan de más éxito en Cataluña y en el extranjero que en el resto de España. Circunstancia que también se da en la dirección inversa: como hemos mostrado en el apartado de la exhibición, el cine español no goza en Cataluña del mismo éxito que en resto de España.

La tradición cinematográfica catalana

La configuración discursiva se entiende como el destilado básico de las dinámicas discursivas de una disciplina artística. Se pueden describir unas tradiciones artísticas que acumulan valor simbólico, una cierta acreditación de este valor y también tradiciones prácticas que culminan en una práctica determinada. En cuanto a la tradición cinematográfica catalana, se puede identificar un fondo significativo de producción cinematográfica en Barcelona de una larga historia que, a grandes rasgos, se divide en una tradición documentalista-naturalista y en una de ficción, y que tienen su comienzo con el cine a comienzos del siglo pasado[127]. Las dos vertientes experimentaron interrupciones significativas durante las dos grandes guerras y la Guerra Civil Española.

De enfoque naturalista, la tradición del documental se pierde durante los tiempos del franquismo siendo sustituido por el NO-DO. Se produce una total ruptura con el público y no es hasta la Democracia que se produce una prudente reconciliación. En este sentido, la obra más importante fue el documental *Ocaña* de Ventura Pons. Desde entonces el documental y el nuevo género de *Docudrama* se han ido estableciendo sobre todo con el trabajo de Llorenç Soler. Como subgénero, sin embargo, su desarrollo pasa desapercibido para los públicos no especializados.

La tradición de ficción empezó con la producción de películas de gusto popular, seguido en los cincuenta por el cine negro (exitoso pero olvidado hoy en día como referente estético) y el espagueti western. En los sesenta, con un sello estético particular, el cine experimental de la Escuela de Barcelona. Después se produce a menudo la comedia catalana, a pesar de su fluctuante recepción por el público y la critica; recientemente la producción cinematográfica barcelonesa de un cierto éxito ha optado por la adaptación de obras teatrales o literarias catalanas al cine, agrupado bajo el género del drama. Paralelamente se mantiene un cine de vertiente experimental de reconocimiento estético pero de poco eco en taquilla. Comparando los géneros, la tabla 72 muestra que la modesta recaudación del cine catalán se reparte entre el drama, la comedia y el thriller seguido de películas de terror, de animación (cuya principal distribución es por televisión) documentales y, finalmente, el cine experimental.

Tabla 72: Espectadores de cine catalán por géneros entre 1996 y 1999

Género	Espectadores
Drama	1.955.680
Comedia	1.609.254
Thriller	926.892
Terror	246.971
Animación	35.363
Documental	1942
Experimental	565

Fuente: ICAA
    Elaboración propia

A pesar del aparente éxito del drama, comedia y thriller, se han producido cambios significativos en las tendencias durante estos cuatro años como a continuación muestra la tabla 73, que incluye el desarrollo del número de espectadores por géneros. En 1996 el género que atrajo la mayoría de espectadores fue el drama seguido por el thriller y la comedia. En el año siguiente, el drama pierde gran parte de sus espectadores y la comedia y el thriller los atrae. En 1998 el drama pierde aún más pero se mantiene como el único género que atrae algo de público, en un año pésimo para el cine catalán. En 1999 la comedia resurge, el thriller desaparece, el género de terror aparece en el

---

[127] El anexo 14 incluye el análisis detallado de la configuración discursiva

panorama y el drama sigue su declive generalizado. En cuanto a los demás géneros, el éxito del cine de animación se basa en su distribución por televisión y el documental y el cine experimental tienen poco o ningún público.

Tabla 73: Desarrollo de los espectadores de cine catalán por géneros 1996-1999

Año	Drama	Comedia	Thriller	Terror	Animación	Documental	Experimental
1996	1.413.158	81.668	109.450	0	0	0	551
1997	288.072	792.640	779.801	0	0	0	14
1998	152.169	46.665	37.641	0	0	0	0
1999	102.281	687.531	0	246.971	35.363	1.942	0

Fuente: ICAA
Elaboración propia

A pesar de su escaso público, el cine experimental sigue siendo una referencia estética importante en el sector cinematográfico barcelonés como muestra la jerarquización artístico-profesional elaborada anteriormente, en la que José Luis Guerin y Agustí Villaronga, ambos representantes de este género, ocupan algunos puestos elevados gracias a su reconocimiento por la crítica. El cine experimental barcelonés tiene como referente histórico la Escola de Barcelona; debido al carácter marginal de la producción cinematográfica dentro del entorno del audiovisual de Barcelona, la orientación experimental-esteticista ha sido acentuada por los cineastas y los críticos barceloneses en su defensa ante la producción audiovisual y el cine comercial. Esta acentuación ha establecido, por desgracia, un círculo vicioso de alejamiento del público a pesar de una larga y rica tradición del cine hecho en Barcelona.

En este sentido se podría hablar de una desgraciada tradición cinematográfica puesto que la tendencia esteticista, este sello experimental, prevalece como referente estético sobre los otros géneros cinematográficos de larga tradición y cierto éxito con el público. Y justamente esta tendencia, marcadamente vanguardista, está directamente relacionada con el poco carácter industrial-comercial del cine catalán. Como resultado, buena parte de los partícipes de la actividad cinematográfica catalana que trabaja en otros ámbitos no hacen un cine de cara a público, sino que se embargan en la obra del autor cuando se les presenta la oportunidad de hacer un largometraje. Este cuadro corresponde a un cierto nivel del cine español y europeo y ocurre cuando existe una debilidad comercial-industrial que tiene como contrapartida la vertiente esteticista y que resulta en una tensión entre estos dos polos que se retroalimentan con las políticas públicas en la pulsión autoral, creativa y artística. Además, esta tendencia enlaza con la tradición local esteticista de la Escola de Barcelona y también con el carácter social de los cineastas de la "gauche divine". Asimismo se puede enlazar este esteticismo con la producción publicitaria barcelonesa y, a otro nivel, con la cultura catalana esteticista.

Por estas razones existe un considerable fondo pretencioso en el sector cinematográfico barcelonés que tiene algunos orígenes más o menos gloriosos y un cierto valor de referencia y credibilidad a priori, desde fuera y sobre todo en los ámbitos profesionales, que se expresa en un cierto grado de expectación por algo grande del sector barcelonés por parte de la gente del sector, de los políticos, del mundo de la cultura y también de los cineastas de Madrid, quienes creen que sería lógico que salga la industria cinematográfica barcelonesa adelante. Además, este mito es reforzado por otros factores como los componentes profesionales y organizativos del propio sector audiovisual barcelonés y su relativa fortaleza, que dan la sensación de estar al punto de generar algo espectacular en este ámbito.

En definitiva, existe un potencial creativo basado en la tradición barcelonesa del cine pero no es operativo por las razones analizadas hasta ahora y por las que quedan por considerar en el siguiente apartado sobre la articulación de la cadena productiva cinematográfica.

La articulación de la cadena productiva cinematográfica barcelonesa

En cuanto a la gran diversidad de elementos que intervienen en la cadena de la creación cinematográfica, la situación de Barcelona es relativamente débil en el contexto internacional y también con respecto a Madrid. A pesar de esta debilidad no existen déficits esenciales: hay un buen plantel de profesionales técnicos y artísticos, aunque estén mayormente alineados a la producción cinematográfica barcelonesa; existen también aceptables servicios de producción, aunque dedicados más bien a otros sectores de actividad audiovisual; las productoras son muy endebles, pero hay productoras y grupos audiovisuales relativamente importantes; asimismo en Barcelona se encuentran algunas de las distribuidoras españolas más importantes aunque no comercializan cine catalán y, finalmente, en el sector de la exhibición todavía quedan empresas barcelonesas importantes que podrían potenciar la producción cinematográfica de la ciudad exhibiendo más cine autóctono.

En definitiva, hay potencialidades ciertas pero que en gran medida quedan por explotar debido a la escasa articulación de la cadena productiva. En este sentido se debe focalizar en un enlace estratégico, el de la producción y distribución. Así vimos en el apartado sobre las distribuidoras la poca participación de las distribuidoras catalanas importantes en la distribución de cine catalán. Hasta ahora, las producciones catalanas han sido distribuidas, o bien por importantes empresas radicadas en Madrid (y eso más bien en los casos en los que las películas eran coproducciones no estrictamente catalanas) o distribuidoras catalanas marginales. Y eso a pesar del importante papel motor de la producción en Madrid que han desempeñado las distribuidoras, caso de Alta Films, Sogepaq y más recientemente por la creación de distribuidora propia de Lolafims. En Barcelona, por el contrario, Laurenfilms ha optado hasta ahora por distribuir principalmente cine americano, aunque ahora tenga la intención de distribuir cine catalán en salas y también por vídeo, lo que da cierta esperanza para la mejoría del sector.

Asimismo, el grupo Filmax ha apostado por producir cine en Barcelona y distribuirlo por sus múltiples canales nacionales e internacionales de distribución.

En conclusión, los elementos individuales de la cadena productiva cinematográfica local son suficientes, buenos y preparados para garantizar una viabilidad de generar realizaciones, incluso de grandes presupuestos. A modo de ilustración citamos la productora Fantastic Factory del grupo Filmax que produjo su *Faust*, a pesar de la debilidad estructural del sector, y lo hizo llegar al gran público a pesar del embotellamiento de la cadena en el punto de la distribución que está en manos foráneas. De este modo mostró la potencialidad para la industria del cine hecho en Barcelona[128]. Además, su éxito con el público[129] señala otra potencialidad para el cine de aquí: la de su demanda insatisfecha.

En España el cine goza de algunos buenos índices de interés por parte de los públicos, mediático y crítico, y político, y de una favorable pauta del consumo manifestada en los altos índices, una buena distribución territorial y una demanda hasta cierto punto insatisfecha.

Hay una serie de evidencias manifestadas de interés por el cine, incluso una sobrevaloración del consumo más allá de lo que se produce por parte de las especialistas cinematográficos cuyo número es considerable: a nivel barcelonés hay bastantes historiadores, críticos, revistas y colaboradores de renombre nacional. Además hay una presencia constante del cine en los medios de comunicación

---

[128] En este sentido, últimamente algo se está moviendo en el sector audiovisual barcelonés, sean los recientes enlaces entre distribuidoras y productoras autóctonas como Laurenfilms y Oberon, el cine hecho en inglés por productoras barcelonesas, por ejemplo los proyectos de Fantastic Factory, o por productoras foráneas que se aprovechan de la infraestructura del sector barcelonés y que apuntan hacia el mercado extranjero como en el caso de la realización de una película de Ventura Pons por la productora 42nd Street. Además, se están produciendo importantes sinergias entre la producción cultural local y producciones con éxito nacional e internacional como *Los Gaudíns* y *Juanita Jones* de Disney, personaje que nació en la factoría barcelonesa Cromosoma, creadora y responsable del éxito internacional de *La Bruja Aburrida* y *Las Mellizas*, y la creación de *Twipsy*, mascota de la exposición internacional de Hannover creada por Javier Mariscal y ahora desarrollada en colaboración americana para incorporarla en el ciberespacio.

[129] 145.671 espectadores hasta mayo 2001 desde su estreno en febrero 2001. Fuente:ICAA.

en los espacios de la crítica y programas promocionales. Asimismo se registra un interés y una actividad importante en el ámbito asociativo que se nutre de los alumnos de las numerosas academias audiovisuales, de la distribución alternativa por los cineclubs y exposición en los cines no comerciales. Referente al interés político, existe una atención permanente por parte de las administraciones a nivel europeo, nacional y autónomo por el cine, lo que resulta en un debate constante sobre la eficacia y las medidas a emplear en la defensa del cine como bien cultural.

Estos factores, en su conjunto, significan unos buenos presupuestos de interés a diversos niveles que dan pie a una alta potencialidad de cine en general y especialmente en el caso del área metropolitana de Barcelona, donde se registra además una favorable pauta de consumo y una buena distribución territorial del público que forma parte de una tendencia hacia la concentración en las zonas metropolitanas del consumo cinematográfico moderno. A un lado, se ha producido recientemente una estimable recuperación de las salas de cine a nivel español y barcelonés que está acompañada por el considerable incremento del número de espectadores, así como del gasto y la asistencia cinematográfico. Al otro lado, y en cuanto a las preferencias estéticas del público, se ha establecido en los últimos años una clara diferencia entre Madrid y Barcelona; en esta última se consume significativamente menos cine español que en Madrid y, es más, menos que en el resto de España[130]. En el apartado sobre los públicos sugerimos que esta diferencia de debe al hecho de que el cine español reciente es un cine muy madrileño y un cine muy español en el sentido no catalán. Este rasgo conlleva, entonces, una falta de identificación por parte del público catalán con el cine español, un déficit de reconocimiento cultural en el actual cine español. Esta falta de reconocimiento podría ser aprovechado por una producción cinematográfica contundente y autóctona parecida a la que se está desarrollando, aunque en otros ámbitos, en los escenarios teatrales de Barcelona y en el ámbito audiovisual catalán, donde la demanda por productos de carácter local hizo factible su creación. En este sentido, concluimos señalando la existencia de una demanda insatisfecha cuya satisfacción podría ser asumida por la producción cinematográfica barcelonesa.

Las dinámicas de aglomeración productiva en el ámbito audiovisual

En las industrias en general y en las culturales en particular, a veces se puede observar una tendencia hacia la aglomeración productiva que forma parte de la dinámica económica y territorial de la cultura. En este sentido, se observa la centralización de sectores culturales en algunas zonas geográficas determinadas y la formación de agrupaciones de empresas creativas[131]. La proximidad territorial y las relaciones resultantes entre empresas pueden tener un efecto positivo sobre la dinámica productiva y creativa que se nutre de las sinergias entre las agrupaciones de los sectores culturales.

De cara a observar posibles clústeres en el sector cinematográfico y también en el ámbito audiovisual, registramos la ubicación de los elementos más importantes del proceso productivo audiovisual barcelonés y los agrupamos por distritos y municipios. La tabla 77 representa, distribuido por distritos y municipios del área metropolitana barcelonesa, el número de empresas de servicios más importantes del sector audiovisual[132] y las 15 productoras cinematográficas más exitosas según el ranking establecido en el apartado de las productoras. Las empresas se pueden consultar en detalle en el anexo 15.

---

[130] Menos que en Sevilla, Valencia, La Coruña o Bilbao. (Fuente: Anuarios El País).

[131] Ver: Scott 1984, 1988 y 1999. Crewe 1995 y Hitters 2000.

[132] Bajo servicios reunimos edición, duplicación, Telecine, VSC (Vídeo Standard Conversion), DVD (premasterización DVD), estudios de rodaje, estudios de sonorización y doblaje (ESD), salas de montaje, grabación de música y sonido (sonido), subtítulos (SUB), Archivos de imagen (AIM).

Tabla 74: **Productoras y empresas de importancia del ámbito cinematográfico y audiovisual por distritos y municipios**

Distrito / Municipio	Total Empres as	Productora cinemato-gráfica	Productora Audiovisu al	Productora TV animación	Productora TV documental y/o cortometraje s	Empres a Servicios
L'Eixample	16	10	5	0	0	1
Gràcia	5	2	0	0	1	2
Sant Just Desvern	5	0	2	0	1	2
Sarrià-Sant Gervasi	4	1	0	2	0	1
Hospitalet. Polígono Industrial Pedrosa	4	2	0	0	0	2
Horta-Guinardó	3	1	0	0	1	1
Sant Martí	2	0	0	1	0	1
Sant Cugat	2	0	1	0	0	1
Terrassa	2	0	0	1	0	1
Ciutat Vella	2	0	0	1	0	1
Sants-Montjuïc	1	0	0	1	0	0
Les Corts	1	0	0	0	0	1

Fuentes propias

Debido a la relativa debilidad estructural del sector, las posibles concentraciones geográficas son también débiles o poco establecidas. Como muestra la tabla, la mayor concentración de las empresas más visibles del sector se encuentra en el núcleo de la ciudad, en el Eixample que también es, como hemos visto en el apartado de la exhibición, el área tradicional del consumo cinematográfico. De las 16 empresas aquí registradas, 10 son productoras cinematográficas, 5 audiovisuales y una es de servicios, el *Grupo Trimagen*, que reúne unas 8 empresas con centros de servicios en Barcelona y Madrid para empresas del ámbito audiovisual, comunicación y nuevas tecnologías. Con la excepción de esta última y la productora audiovisual *El Terrat*, las demás son productoras débiles. El distrito con la segunda concentración más alta es Gràcia. Aquí encontramos dos productoras cinematográficas y una de cortometrajes, las tres débiles, y dos empresas de servicios, Montaje de Mozart, una empresa pequeña, y en el edificio de la legendaria *Cinematiraje Riera*, la *Filmtel*, una de las más importantes empresas de servicios de postproducción en España. A Gràcia le sigue Sarrià-Sant Gervasi donde se encuentran las productoras televisivas de animación D'Occon, BRB International, ambas con volumen de producción considerable, y la débil productora cinematográfica Bausan Films. Por lo demás, destaca, primero, la presencia de una productora audiovisual, la multinacional *Gestmusic-Endemol*, en el distrito de Horta-Guinardó que muestra una cierta concentración en forma de laberinto de edificios y naves, la mayoría viejos y adaptados a las necesidades de la producción audiovisual; y segundo, la potente productora de TV de animación *Cromosoma* en el barrio de Sant Martí.

Resumiendo, en la ciudad, definida como área céntrica con el fin de visualizar las aglomeraciones territoriales, y compuesta por el Eixample y Gràcia, hay una concentración de 12 productoras cinematográficas (y una más de cortometrajes) de las 15 más importantes, aunque económicamente débiles, del sector. Esta concentración, sin embargo, no añade un ambiente de distrito marcadamente cinematográfico, ni mucho menos, ya que el Eixample y Gràcia son barrios de carácter y significado simbólico propio. Tomando en cuenta la debilidad económica de la actividad cinematografía de la ciudad, no debe extrañar que las pequeñas productoras se encuentren cerca del centro administrativo de la ciudad, ya que la escasa actividad no requiere infraestructuras ni esfuerzos industriales y da pie a concentrar los esfuerzos empresariales en gestionar la financiación del "proyecto del año" o de trabajos en otros ámbitos del mundo audiovisual.

En otra área menos céntrica, definida aquí como periferia urbana, ocurre algo semejante; la presencia de las productoras audiovisuales pasa de forma inadvertida salvo en el ambiente de un bar o restaurante cercano a los platós de Gestmusic o el impedimento del tráfico por la carga o descarga de un camión de material de rodaje cuyos dimensiones rompe con las proporciones de las estrechas calles del barrio. Lejos de una concentración geográfica en cuanto a las productoras audiovisuales, la ubicación de Gestmusic en Horta, de BTV en Ciutat Vella y de El Terrat en el Eixample, da la impresión de una dispersión arbitraria.

Fuera de la ciudad, en cambio, se observa en algunos municipios, principalmente en Sant Cugat, L'Hospitalet de Llobregat, Sant Just Desvern y tal vez en el nuevo centro de la era de la información, el distrito 22@ en Sant Martí, una leve concentración geográfica de empresas del ámbito audiovisual. En Sant Cugat se encuentra el centro de las operaciones de RTVE de Cataluña desde que trasladasen sus actividades de los estudios Miramar en Montjuïc a esta ciudad del Vallés. En el polígono industrial de Pedrosa de L'Hospitalet se encuentra el Grupo Filmax, compuesto por empresas de producción, distribución, exhibición y servicios cinematográficos, con ambiciones industriales que ha aumentado últimamente sus inversiones y presencia en el sector. Además aquí se halla uno de los grandes laboratorios audiovisuales de la ciudad: Image Films. La ubicación de empresas importantes del ámbito audiovisual en este municipio se limita a dos empresas en un polígono de ambiente principalmente industrial y ferial. Sant Just Desvern, en cambio, muestra la más alta concentración de empresas audiovisuales en el área metropolitana barcelonesa y un cierto ambiente de centro de producción audiovisual. Aquí se encuentra TV 3 de Cataluña, en un edificio moderno que se impone desde su situación en una colina a sus alrededores y es bien visible desde la autopista A7 que comunica Barcelona hacia el resto del país. En su inmediata proximidad se ha ubicado, por iniciativa de las administraciones públicas catalanas, la productora audiovisual Media Park que es, como grupo audiovisual y multimedia, una de las principales productoras de canales temáticos de España[133]. Con la presencia de TV3 y de Media Park ha aumentado también la ubicación de empresas de servicios audiovisuales que se han trasladado a esta zona, 14 hasta el momento[134]. Por lo tanto, en Sant Just existe de momento una tendencia hacia la creación de una "ciudad audiovisual".

El destino de la iniciativa de la administración de crear en la antigua zona industrial de Pueblo Nuevo un distrito de las nuevas tecnologías denominado 22@, donde también está prevista la ubicación de importantes agentes audiovisuales como un campus audiovisual, de Filmtel y de Sonoblock[135] y de la productora multinacional *Media Pro[136]*, dependerá en gran medida de dos factores: el primero, de cómo encajan socialmente los cambios infraestructurales y urbanos del proyecto Diagonal Mar junto con las medidas arquitectónicas y culturales impulsadas por el Fòrum 2004 con la población residente actual o proyectada para el futuro. El segundo factor es el grado de atracción que esto supone para los agentes del sector audiovisual para establecerse en la zona.

---

[133] Media Park se autodefine como centro gestor de contenidos audiovisuales y multimedia para los *new media*, centrando sus actividades en la producción, gestión y comercialización de contenidos para todos los medios de distribución (especialmente para la televisión digital e Internet), en la oferta de servicios multimedia y en soluciones de comunicación global. Sus principales accionistas son Telefónica, Antena 3 TV, la Corporació Catalana de Ràdio i Televisió, Grupo Equip, Philips e Iberdrola junto con el grupo sueco Skandia Media Invest. Produce en la actualidad nueve canales de televisión temática. De ellos, cuatro son cinematográficos: Palomitas, Cinematk, Showtime Extreme y Canal 18, y dos de divulgación: Natura (primer canal medioambiental) y Cultura. (Fuente: Mediapark)

[134] Fuente: Registro de empresas audiovisuales. Generalitat de Catalunya. Area de Cultura.

[135] Estudio de doblaje

[136] Media Pro está asociada con Esicma y Elías Querejeta. Produce mayormente contenidos audiovisuales y explota los derechos de la Liga Española de Fútbol para todo el mundo.

En definitiva, la debilidad económica de la actividad cinematográfica, unida al relativo peso estructural del medio televisivo e importancia de otros mercados audiovisuales como el cine de animación o publicitario, no han producido un grado de densidad de interdependencias que llevaría a la conformación de un espacio audiovisual unificado barcelonés sino a una cierta concentración de débiles productoras cinematográficas en el centro de la ciudad y algunos focos aislados de fuerte producción audiovisual en la periferia urbana y el área metropolitana.

El impacto tecnológico

En este último apartado evaluamos el impacto tecnológico en las cadenas productivas frente su configuración socio-técnica que condiciona el grado de resistencia o acogida de las innovaciones tecnológicas; y consideramos, también, su impacto en cuanto a la dinámica general del sector descrito hasta ahora. Empezamos con un breve repaso de las innovaciones en el universo cinematográfico. Seguidamente diagnosticamos los cambios recientes en los eslabones de la cadena productiva cinematográfica y sus efectos en el ámbito audiovisual, en su conjunto.

El primer gran cambio en la historia del cine significó la introducción del cine sonoro. Más tarde, en los años cuarenta, se produjo el encuentro del cine con la televisión que al final llevó a la colaboración entre ambos medios, gracias al nuevo canal de exhibición que suponía la televisión para el cine. Con la creciente popularidad de la televisión se produce una serie de interdependencias a nivel artístico profesional: actores, directores y técnicos de cine pasaron a la televisión y viceversa. Asimismo, a nivel estético, la posibilidad de exhibir una película en ambos medios influyó, primero en la planificación de las películas y después en la creación de telefilms. Igualmente se inició la programación televisiva de contenidos específicamente televisivos. El cine acusó la pérdida de espectadores causada por la televisión y la colaboración inicial entre ambos medios se convirtió en competición. A partir de entonces, la industria cinematográfica combate esta pérdida con una elevada producción para la distribución por televisión y más tarde el vídeo en detrimento de largometrajes para la gran pantalla. Consecuentemente, el mundo de la exhibición cinematográfica en salas entró en crisis en los años ochenta, crisis que también arrastra los cineclubs. Más recientemente, la llegada de la era digital trajo todavía más canales de distribución: el DVD, la televisión satélite, Internet y los multicines que cada vez más proyectan cine hecho por ordenador y quizás un día reciban las películas distribuidas por satélite desde un único centro de producción.

En total, los avances tecnológicos en la producción y difusión han causado en la actualidad la confluencia de intereses de múltiples sectores, tanto industriales como culturales, que llevarán el análisis del sector cinematográfico al ámbito audiovisual en su conjunto. Antes, no obstante, consideramos el impacto de la era digital en la cadena de la cooperación cinematográfica barcelonesa.

En la producción, las condiciones laborales del rodaje han mejorado con las cámaras de vídeo y digitales por el simple hecho que antes, por cuestiones de peso, eran necesario como mínimo dos ayudantes del cámara para moverla. El impacto más importante, sin embargo, ha sido la posibilidad de visualizar la toma de inmediato y en cuando a postproducción, la reducción del tiempo de montaje, que pasa de algunas diez semanas por largometraje con una antigua mesa de montaje *Moviola* a tres días con un equipamiento moderno. Asimismo, el proceso de sonorización es igual de acelerado empleando las nuevas tecnologías. A pesar de ello no se ha efectuado una revolución como la que significaría el rodaje íntegro en digital. De hecho, en la actualidad se rueda en fotografía y se pasa el material a digital. Esta circunstancia se debe en parte al hecho de que las cámaras digitales todavía no son tan buenas como las de vídeo y en parte, también, a la inercia de la práctica artística que se resiste a este tipo de innovación. Aun así, los cambios digitales han avanzado de tal madera que dos de laboratorios de cine más prestigios en España, ambos ubicados en Barcelona, han llegado a la quiebra y han sido absorbidos por una empresa moderna de postproducción audiovisual.

En cuanto a la estética cinematográfica, la modernidad digital parece ofrecer posibilidades de realización infinitas siempre y cuando el presupuesto lo permita. Como la tendencia general en el mundo audiovisual y, por supuesto, en el universo del entretenimiento es casi siempre la búsqueda de lo más grande y lo más espectacular, se observa recientemente una expansión sin precedentes de efectos especiales por ordenador impulsados sobre todo por las super-producciones de Hollywood, que dentro del negocio, marcan las diferencias y establecen estándares propios de espectacularidad. Resultan en una expectativa determinada por parte de los públicos hacia un cine de tipo espectáculo, promocionado también por los Oscar, que son difíciles de superar y que hacen que los efectos especiales por ordenador representen el foco de atención estética. Además, las producciones autóctonas parecen inferiores al lado de la aparente cualidad superior de los efectos del cine americano que refuerza su ya aplastante dominio del mercado. Asimismo, y como consecuencia profesional, el trabajo de gran parte de las especialistas, profesionales de efectos especiales o dibujantes ha quedado obsoleto.

En lo referente a la distribución, apuntamos hacia la distribución por emisión y la proyección digital. Sin duda, entramos en un terreno de cambios proyectados para el futuro. No obstante, este futuro ya ha tenido una actuación breve en Barcelona: la proyección digital piloto en el verano del 2000 en el Teatro Grec de una película digitalizada titulada: "Donde este el dinero". La recepción por parte de los profesionales estuvo dividida: mientras que los directivos de Filmtel y Filmax veían el principio del fin del celuloide, el público criticó la calidad de la imagen[137]. Sea como fuere, si la proyección digital se hace realidad, la distribución tradicional y, junta a ella todo un subsector, será cosa del pasado.

Sobre el almacenaje, la era digital promete tres ventajas indiscutibles. Primera, mientras que el celuloide tiene una longevidad limitada, un código digital parece ser para siempre. Segunda, el espacio físico que ocupan los filmes es infinitamente más grande que su almacenaje por computadora. Y tercera, en cuestiones bibliotecarias el manejo de un fondo de películas digitalizadas es más fácil y su consulta más rápida que de la forma tradicional.

En cuanto a la a comercialización de la obra artística y su difusión por los nuevos canales de distribución, la era digital conlleva también una serie de cambios legales, sobre todo en el concepto legal de la obra cinematográfica que está protegida como obra audiovisual en el universo audiovisual digital[138]. Esta expansión nos lleva de nuevo a la necesidad de ver la actividad cinematográfica dentro del marco audiovisual, tal como hemos indicado anteriormente en referencia con las avances tecnológicas que han causado, tanto en la producción como en la difusión, la confluencia de intereses de sectores como la electrónica, la informática, las telecomunicaciones y la televisión.

En definitiva, el impacto más importante de la era digital sobre el mundo audiovisual ha sido que las fronteras entre los subsectores del nuevo ámbito audiovisual se han difuminado y se ve una tendencia de las productoras barcelonesas de configurarse como audiovisuales.

---

[137] La Vanguardia 07.08.2000. Mejor fue la proyección de "Fantasia 2000" en Cinesa Diagonal, con una sala habilitada como e-cine. Caparrós-Lera., 2001. Pg. 133-134.
[138] Libro Blanco del Audiovisual. 2000.

4. Lista de gráficos

Gráfico 1: Mapa organizacional del sector cinematográfico
Gráfico 2: Cuota del mercado español: cine español y cine Hollywood
Gráfico 3: "Profesionales técnicos y colaboradores artísticos del universo audiovisual"
              y "profesionales artísticos del mundo cinematográfico" en Barcelona y Madrid
Gráfico 4: Características y comparación de las dos jerarquías
Gráfico 5: Tendencia de pantallas de Barcelona y Madrid
Gráfico 6: Ubicación de los cines de Barcelona de los años 1989 y 1998
Gráfico 7: Mapa discursivo del cine catalán
Gráfico 8: Recaudación de cine catalán por géneros 1996-1999

5. Lista de tablas

6. Bibliografía

AACC., (1997) "Un siglo del cine español" en *Cuadernos de la Academia*, n°4. AACC. Madrid. FAPAE.

AACC., (1999, 2000) Boletín informativo del Instituto de Cinematografía y las Artes.

AAVV., (1989) *La Indústria del cinema a Catalunya*. Departament de Cultura. Generalitat de Catalunya.CEP. Barcelona.

AAVV., (1999) Pla estratégic del sector cultural de la ciutat. Institut de Cultura. Ajuntament de Barcelona.

AAVV., (2000) Libro blanco del audiovisual. Exportfilm. Madrid.

AAVV., (1983 y 1987) *Catàleg de films disponibles parlats o retolats en català*. Departament de Cultura de la Generalitat de Catalunya. Barcelona.

AAVV., (1993) *El cine en Catalunya. Una aproximacion histórica*. Film-historia. PPU. Barcelona.

AAVV., (1995) *Infraestructures industrials cinematogràfiques*. Societat Catalana de Comunicació. Barcelona.

AAVV., (1996) *Nuevos caminos de la producción cinematográfica en España*. Festival de Cine de Alcalá de Henares. Madrid.

AAVV., (1996) *Cine español. Una historia por autonomías. Vol 1*. Film-historia. Barcelona. PPU.

AAVV., (1997) *Diccionario del cine español*. Alianza Editorial. Madrid.

AAVV., (1998) *La dimensió econòmica i laboral del sector cultural de Barcelona*. SVP Information Consultans. Barcelona.

AAVV., (1999) *Informe per a la Catalunya del 2000*. Fundació Jaume Bofill. Barcelona.

AAVV., (2000) *La indústria audiovisual a Catalunya: una nova etapa*. Comissionat per a la Societat de la Informació. Barcelona.

Aula,A. (2000) *El doblaje*. Alianza.Madrid.

Avila Bello, A., (1997) *El doblaje*. Ed. Cátedra. Madrid.

Balló, J., Espelt, R., Lorente, J., (1989) *Cinema Catalá 1975-1986*. Generalitat de Catalunya. Barcelona.

Becker, H.S., (1976) "Art as collective action "en *Amer. Soc. Rev. No 39*. Pág. 767-776. Chicago.

- (1982) Art *Worlds.*, University of California Press. Berkeley.

Bergès, L., (2000) Informe sobre l'audivisual a Catalunya. CAC. Barcelona

Bonet, Ll., (1996) *Dimensió econòmica del sector de la culura i la comunicació de Catalunya. Les indústries de la cultura i la comunicació. L'administració publica.* Universitat de Barcelona. Barcelona.

- (1997) *Le Dimension Régionale de L' Industrie De L' Audiovisuel: Le Cas De La Catalogne*. Anal de Mines.

Bourdieu, P., (1983) *La distinción,* Taurus.

- (1995) *Las reglas del arte,* Anagrama, Barcelona.

Caparrós-Lera, J.M., (1976) *El cine de los años setenta*. Pamplona.

- (1981) *Arte y política en el cine de la República (1931-1939)*. Barcelona.

- y España, R. de, (1987) *The Spanish Cinema. A Historical Approach*. Barcelona.

- (1992) *El cine español de la democracia*. Barcelona.

-(2000) Cinema y Vanguardismo. Documentos Cinematográficos. El Cineclub Monterolls (19951-1966). Barcelona.

-(2001) *El cine del fin de millenio (1999-2000)*.Madrid.

Castells, M., (1996) *La era de la información. Economía, Sociedad y Cultura*. Vol.1, *La sociedad red*. Madrid. Alianza.

Catalan Films & Television. Publicación anual en inglés de la Departament de Cultura. Cinematografía i Video. Barcelona. 1988-1998.

Cerdán Los Arcos, J.,(1993) *La audiovisión. Nuevas-viejas cuestiones*. Vértigo. N° 8-9. Ateneo da Coruña. La Coruña. Pág. 76-77

CIDEM (1996 y 2000) *20.000 empresas más importantes de Catalunya*. Barcelona.

Cineguía XXXVIII. (2000) Anuario del espectáculo y audiovisuales. Madrid.

Comas, A., (1997) *Diccionari de llargometratges. El cinema a Catalunya després del franquisme.* Col.legi de Directors i Directors de Cinema de Catalunya. Barcelona.

COPEC, Memorias de 1994, 95, 96, 97,98. (Generalitat de Catalunya).

Crane, D., (1992) *The Production of Culture.* SAGE.

Crewe, L., (1995) "Gap on the map? Towards a geography of consumption and identity" en *Environment and Planning A, volume 27, number 12.*

Cubelles, X. y Baró, E., (2000) *El futur desenvolupament de les indústries de continguts d'informació de la ciutat de Barcelona.* Ajuntament de Barcelona.

Enciclopèdia Catalana. (1996) *Història. Política, Societat i Cultura dels Països Catalans.* Vol. 11.

Fanes, F., (1982) *Cifesa, la antorcha de los éxitos.* Valencia.

Faulkner, R.R., (1987) *Music on Demand. Composers and Careers in the Hollywood Film Industry.* New Brunswick.

Fernández Blanco, V., (1998) *El cine y su público en España,* Fundación Autor. Madrid.

Gómez B. de Castro, R., (1988) *La producción cinematográfica española. De la Transición a la Democracia (1976-1986).* Bilbao.

Gubern Garriga-Nogues, R., (1971) *Historia del cine.* Danae. Barcelona.

- (1977a) "Cine y comunicación de masas" en *La cultura bajo el franquismo,* dirigido por Josep María Castellet. Barcelona.

- (1977b) El cine sonoro en la II República 1929-1936. Barcelona.

- (1978) "Cine español en el exilio" en *El exilio español de 1939,* dirigido por José Luis Abellán, vol. V. Taurus. Madrid..

- (1989) *Historia del cine.* Barcelona.

- (1990) "La ciudad, el mejor escenario cinematográfico" en *La ciudad y el cine.* Caja de Ahorros Provincial de Alicante.

Heredero, C.F., (1994) *El lenguaje de la luz. Entrevistas con directores de fotografía en el cine español.* 24 Festival de Cine de Alcalá de Henares. Madrid.

- (1997) *Espejo de miradas. Entrevistas con nuevos directores del cine español de los años noventa.* 27 Festival de Cine de Alcalá de Henares. Madrid.

Hernández-Les. J., (1986) *El cine de Elías Querejeta, un productor singular.* Bilbao.

Higginbothham, V., (1988) *Spanish Film under Franco.* University of Texas Press.

Hueso, A.L., (1998) *El cine y el siglo XX.* Ariel, Barcelona.

Inits., (1990) *Dimensió i Estructura del Sector Cultural a Barcelona.* Vol.1. Ajuntament de Barcelona. Área de Cultura.

Institut Català d'Estadística. Memorias de la Direcció General de Promoció de Cultura. 1994,95,96,97,98. Barcelona.

Jones, D., (1989) Bibliografía de cine catalán. Anàlisi. Num.22 UAB. Barcelona.

José i Solsona, Carles., (1983) *El sector cinematogràfic a Catalunya: una aproximació quantitativa. Vol.1. Exhibició. Vol. 2: Producció i Distribució.* ICC (Institut de Cinema Catalá). Barcelona.

- (1987) Tendències de l'exhibició cinematogràfica a Catalunya. ICC. Barcelona.

Larrégola Bonastre, G., (1995) "Film Research in Catalonia" en Grayson.S., *Film research in Spain,* en Kirchner, D., (ed.): *The map-TV guide.* Ed. Blueprint. London. Pág. 446-471

Lash,S. y Urry,J., (1994) *Economies Of Signs and Spaces.* Sage. London.

Menger, P., (1982) "Appariement, risque et capital humain: l'emploi et la carrière dans les professions artistiques" a Menger, Pierre-Michel / Passeron, Jean-Claude, *L'art de la recherche. Essais en l'honneur de Raymonde Moulin,* La documentation Française, Paris.

- (1983) *Le paradoxe du musicien. Le compositeur, le mélomane et l'etat dans la société contemporaine.* Paris.

Molotch, H., (1996) "L.A. as Design Product" en *The City. Los Angeles and Urban Theory at the End of the Twentieth Century.* University of California Press.

Moulin, R., (1992) *L'artiste, l'institution et le marché,* Flammarion, París.

Oltra i Costa, R., (1990) *Seixanta anys de cinema català.* 1930-1990. ICC. Barcelona.

País, El. Anuarios. Madrid. 1996-2000.

Pérez Bastías, L. y Alonso Barahona, F., (1995) *Las mentiras sobre el cine español.* Royal Books. Barcelona.

Peterson, A.R., (1994) "The Production Perspective" en *The Sociology of Culture.* Blackwell. London.

Porter i Moix. M., (1992) *Història del cinema a Catalunya. (1895-1990)* Barcelona.

Pozo, S., (1984) *La Industria del cine en España.* Barcelona.

Riambau Möller, E., (1993a) *El cine de la Escuela de Barcelona, un espejismo de libertad en la España de los sesenta.* Memoria de actividades 1991-92. Aula de cine de la Universidad de Santiago de Compostela. Santiago de Compostela.

- y Torreiro Gómez, C., (1993b) *Temps era temps. El cinema de l'Escola de Barcelona i el seu entorn,* Generalitat de Catalunya. Barcelona.

- (1995a) "Fins quan en continuarem dient cinema?", en Jordi Balló (ed.): *El segle del cinema.* Centre de Cultura Contemporània. Barcelona.

- y Monterde, J.E., (1995b) *Nuevos cines (años 60) Historia general del cine.* Vol XI. Cátedra. Madrid.

- (1996) *La producció cinematogràfica a Catalunya 1962-1969.* Tesis doctoral. Edición microfotográfica. Publicacions de la UAB. Bellaterra. Barcelona.

- y Torreiro. C., (1998) *Guionistas en el cine español. Quimeras, picarescas y pluriempleo.* Madrid.

Rivero Sánchez, J.A., (1991) *La productora de cine publicitario.* Tesis Doctoral. UAB. Bellaterra. Barcelona

Rodríguez-Morató, A., (1995) *Sociología de los creadores artísticos. El caso de los compositores españoles contemporáneos.* Tesis doctoral. UAB. Barcelona.

- (1997) *La problemática profesional de los escritores y traductores. Una visión sociológica.* Barcelona.

- (1998) *La dinámica cultural urbana como problemática de investigación.* Ponencia, VI Congreso Español de Sociología, A Coruña.

-(1999) "La redefinición posmoderna de las reglas del arte" en CAIA, *Epílogos y prólogos para un fin de siglo.* Buenos Aires.

Scott, A. J., (1990) "Territorial Reproduction and Transformation in a Local Labor Market: The Animated Film Workers of Los Angeles" en *Metropolis. From Division of Labor to Urban Form,* University of California Press.

- (1997) "The Cultural Economy of Cities" *en International Journal of Urban and Regional Development.*

SGAE, (1999) *Anuario de las Artes escénicas, musicales y audiovisuales.* Fundación Autor. Madrid.

- (2000) *Informe SGAE sobre hábitos de consumo cultural.* Fundación Autor. Madrid.

The Port Autorithy of NY & NJ, (1993) "The Art as Industry: Their Economic importance to the New York-New Jersey Metropolitan Region". Part I of Tourism & *The Arts in the New York – New Jersey Region,* The Port Autorithy of NY & NJ, Alliance for the Arts, New York City Partnership, Partnership for New Jersey, October.

Torres, Augusto M., (1973) *Cine español años sesenta.* Anagrama. Barcelona.

VonSundahl, I.M., (1999) *Cien años de cine español.* Ponencia. III Congreso Catalán de Sociología. Lleida.

Zukin, S. (1995) *The Cultures of Cities.* Blackwell. Cambridge.

7. Anexos

Anexo 1

Jerarquización de festivales y premios (premios profesionales en negrita, premios de carácter oficial en cursiva)

Festival o premio	soporte, categoría	primicias	intern.	prestigio	antigüedad	Moving Pictures	puntos
Academy Awards (Oscar)	largometrajes	0	1	3	2	2	8
Cannes	largometrajes	1	1	2	2	2	8
Venecia	largometrajes	1	1	2	2	2	8
Berlín	largometrajes	1	1	2	2	2	8
San Sebastián	largometrajes	1	1	2	2	2	8
India International Film Festival	largometrajes	0	1	2	2	2	7
Sundance	largometrajes	0	1	2	2	2	7
La Havana	largometrajes	0	1	2	2	2	7
Montreal World Film Festival	largometrajes	0	1	2	2	2	7
Toronto International Film Festival	largometrajes	0	1	2	2	2	7
Thessaloniki Film Festival	largometrajes	0	1	2	2	2	7
Globos de Oro	**largometrajes**	0	1	2	2	2	7
Chicago International Film Festival	largometrajes	0	1	1	2	2	6
Festival de Clermont-Ferrand	cortometrajes	0	1	2	2	1	6
International Forum de Amsterdam	documental	0	1	1	2	2	6
European Film Academy Awards	**largometrajes**	0	1	2	1	2	6
London Film Festival	largometrajes	0	1	1	2	1	5
New York Film Festival	largometrajes	0	1	0	2	2	5
Mipcom Cannes	TV	0	1	0	2	2	5
International Advertising Film Festival, London	anuncios	0	1	0	2	2	5
Premios Goya	**largometrajes**	0	1	1	1	2	5
Premios Cesar (Francia)	**largometrajes**	0	1	1	1	2	5
Valladolid International Film Festival	largometrajes	0	1	1	1	1	4
Huesca	largometrajes	0	1	0	1	2	4
Sitges	largometrajes	0	1	0	1	2	4
Gijón	largometrajes	0	0	0	2	2	4
Karlovy Vary International Film Festival Prague	largometrajes	0	1	0	1	2	4
Chicago Underground Film Festival	largometrajes	0	1	0	1	2	4
New England Film and Video Festival, Boston	largos, vídeo	0	1	0	1	2	4

Alacalá de Henares	cortometrajes	0	0	2	2	0	4
Thessaloniki Short Film Festival	cortometrajes	0	1	0	1	2	4
BBC International Short Film Festival	cortometrajes	0	1	0	1	2	4
Hamburg International Short Film Festival	cortometrajes	0	1	0	1	2	4
Huesca International Film Festival	cortometrajes	0	1	0	1	2	4
Bilbao International Film Festival	documentales cortos	0	1	0	1	2	4
International Film Festival for Animation and Short Films, Dreseden.	cortometrajes TV	0	1	0	1	2	4
International Short Film Festival, Kraków	cortometrajes	0	1	0	1	2	4
Dokumentart	documental	0	1	0	1	2	4
Docfest New York	documental	0	1	0	1	2	4
Edinburgh International Film Festiaval	TV	0	1	0	1	2	4
Victoria Film and Video Festival	TV, vídeo	0	1	0	1	2	4
European Televisión and Film Forum	TV	0	1	0	1	2	4
Ottawa International Animation Festival	animación	0	1	0	1	2	4
International Animation Festival Stuttgart	animación	0	1	0	1	2	4
Cinanima Portugal	animación	0	1	0	1	2	4
The Moebius Advertising Awards	anuncios	0	1	0	1	2	4
Hollywood Film Festival	largometrajes	0	0	0	1	2	3
Huelva Film Festival	largometrajes	0	0	0	1	2	3
Málaga Film Festival	largometrajes	0	0	0	1	2	3
Muestra de Valencia	largometrajes	0	0	0	1	2	3
Premio nacional español cinematográfico	*personas*	*0*	*0*	*2*	*1*	*0*	*3*
Premio nacional catalán cinematográfico	*personas*	*0*	*0*	*2*	*1*	*0*	*3*
Medalla de Oro (AACC)	**personas**	**0**	**0**	**1**	**1**	**0**	**2**
Premios de New York Film Critics Circle	**largometrajes; actores**	**1**	**0**	**0**	**1**	**0**	**2**
La Alternativa (BCN)	largo, corto	0	1	0	1	0	2
Festival Internacional de Medio Ambiente Gava	largo, corto	0	1	0	1	0	2
Muestra Internacional de Cine Gai y Lésbico de BCN	largo, corto	0	1	0	1	0	2
Festival Internacional de Cine Erótico de BCN	largo, corto	0	1	0	1	0	2

Premios de la Unión de los actores de España	largometrajes; actores	0	0	0	1	0	1
Muestra de cine latinoamericano de Lleida	largometrajes	0	1	0	0	0	1
Festival de Cinema de Girona	largometrajes	0	0	0	1	0	1
Muestra de Films de Dones, Barcelona	largo, corto	0	0	0	1	0	1
Muestra de Cortometrajes de Barcelona	cortometrajes	0	0	0	1	0	1
Premios de la crítica (Asociación de los críticos catalanes)	cortos, largos	0	0	0	1	0	1
Premios Carles Duran	personas	0	0	0	1	0	1
Premios butaca (Generalitat)	*largometrajes*	*0*	*0*	*0*	*1*	*0*	*1*
Premios Sant Jordi	largometrajes; actores	0	0	0	0	0	0
Premios Fotogramas	largometrajes; actores	0	0	0	0	0	0
Medallas del CEC (Circulo escritores cinematográficos)	largometrajes; actores	0	0	0	0	0	0
Premio Barcelona Plató	largo; corto	0	0	0	0	0	0
Docupolis BCN 2001	documentales	0	0	0	0	0	0

Fuente: Elaboración propia

Anexo 2

Sistema de puntuación de la jerarquización de los directores de cine catalán 1

DIRECTORES CINE CATALAN Películas estrenadas de 1975 hasta 1996	Total Puntos	Largos	Dicc o. AAC C 1998	Número de espectadores	Puntos por expectadores	Sub vención	Premio Festival internacional 4 Puntos	Premio o festival nacional 3 Puntos	Presen. festival internacional 2 Puntos	Presen festival nacional 1 Punto
SUAREZ GONZALO (OVIEDO 1934) (TRABAJA FUERA)	48	10	1	2.452.175	3	4	8	21	0	0
ARANDA VICENTE (BCN,1926) (VIVE EN MADRID)	46	14	1	6.747.119	7	6	12	6	0	0
BIGAS LUNA JOSE (BCN 1946)	46	11	1	4.385.732	5	6	12	3	4	0
PONS VENTURA (BARCELONA 1945)	40	9	1	1.243.735	2	4	8	10	6	0
VILLARONGA AGUSTI (MALLORCA 1953)	33	3	1	221.344	0	3	0	15	10	1
GUERIN JOSE LUIS (BCN 1960)	31	3	1	17.468	0	3	0	24	0	0
BELLMUNT FRANCESC (BCN 1947)	30	15	1	3.558.511	4	6	4	0	0	0
IQUINO, IGNACIO F. (BCN 1910-1994)	27	20	1	5.771.268	6	0	0	0	0	0
DE LA LOMA JOSE ANTONIO (BCN 1924)	24	15	1	5.281.647	6	2	0	0	0	0
BETRIU FRANCESC (LLEIDA 1940) (VIVE EN MADRID)	23	9	1	2.147.682	3	3	4	3	0	0
IGLESIAS MIGUEL (BCN 1915)	23	18	1	2.149.611	3	1	0	0	0	0
CAMINO JAIME (BCN 1936)	22	6	1	1.926.172	2	4	4	3	2	0
RECHA MARC (HOSPITALET 1970)	20	2	1	25.165	0	1	0	12	4	0
MIRA CARLOS (VALENCIA 1947-1993)	19	7	1	1.557.247	2	1	0	6	2	0
GARAY JESUS (SANTANDER 1949)	18	6	1	103.674	0	5	0	6	0	0
JORDA JOAQUIM	17	2	1	24.109	0	2	0	6	4	2
VERGES ROSA (BCN 1955)	17	3	1	332.015	0	5	8	0	0	0
CHAVARRIAS ANTONIO (HOSPITAL 1956)	16	4	1	161.885	0	7	4	0	0	0
GRAU JORDI (BCN 1930)	16	10	1	4.607.212	5	0	0	0	0	0
HERRALDE GONZALO (BCN 1949)	16	7	1	914.519	1	4	0	3	0	0

RIBAS ANTONI (BCN 1937)	16	6	1	2.04378 8	3	0	0	0	6	0
BALAGUE CARLES (BCN 1949)	15	8	1	278.068	0	2	4	0	0	0
BENPAR CARLES (BCN 1948)	15	7	1	238.297	0	3	4	0	0	0
COIXET ISABEL (BCN 1962)	15	2	1	396.332	0	2	8	0	2	0
SASI ISASMENDI ANTONIO MADRID 1927)	15	3	1	2.636.4 86	3	2	0	6	0	0
CADENA JORDI (BCN 1947)	14	4	1	766.000	1	4	0	0	4	0
LLAGOSTERA FERRAN GIRONA 1947)	11	2	1	83.799	0	4	4	0	0	0
VERDAGUER ANTONI TERRASA,1954)	11	5	1	522.993	1	5	0	0	0	0
BALGOT J.A. (BCN 1953)	9	3	1	220.291	0	0	4	0	2	0
COMERON LLUIS J.(BCN 1926)	8	6	1	945.138	1	0	0	0	0	0
PADROS ANTONI (BCN 1946)	8	0	1	0	0	0	8	0	0	0
ROVIRA BELETA F. (BCN 1912-999)	8	1	1	40.955	0	0	0	6	0	0
ABRIL ALBERT JOAN (BCN 1947)	7	1	1	76.748	0	2	0	0	2	0
FÁVER HECTOR	7	2	0	293	0	1	4	0	0	0
FORN JOSEP MARIA	7	4	1	189.754	0	2	0	0	0	0
D'ARBO SEBASTIA	6	5	1	455.324	0	0	0	0	0	0
FELIU JORDI (BCN 1926)	6	1	1	23.585	0	1	0	3	0	0
OVER CARLES	6	2	1	47.754	0	3	0	0	0	0
MORA TONI	6	1	0	18.276	0	2	0	3	0	0
BARTOLOMÉ CECILIA	5	2	0	172.809	0	3	0	0	0	0
FERRE IGNASI PERE (BCN 1949)	5	3	1	103.238	0	1	0	0	0	0
HUERGA MANUEL (BCN 1957)	5	1	1	132.473	0	0	0	3	0	0
BAYONA JORDI	4	2	0	70.704	0	2	0	0	0	0
CONTEL RAUL	4	4	0	9.277	0	0	0	0	0	0
GORMEZANO GERARD ALICANTE 1958)	4	2	1	21.054	0	1	0	0	0	0
MARTIN ANDREU(BCN 949)VINO COMIC	4	1	1	72.972	0	2	0	0	0	0
NUNES JOSE MARIA (FARO, PORT.1930)	4	3	1	50.004	0	0	0	0	0	0
RIBERA PERPINNA XAVIER	4	1	0	777	0	3	0	0	0	0
AIBAR OSCAR	3	1	0	15.169	0	2	0	0	0	0
AMORÓS JORDI (BCN 1944; 1LM nimación)	3	2	1	56.784	0	0	0	0	0	0
DEL REAL CAYETANO	3	2	1	221.009	0	0	0	0	0	0
ESTEBAN MANUEL	3	1	1	570.117	1	0	0	0	0	0
GUARDIET ROMA	3	2	0	2.641	0	1	0	0	0	0
MULA ISABEL	3	2	1	189.203	0	0	0	0	0	0
PORTABELLA PERE (GIRONA 927)	3	1	1	7.493	0	1	0	0	0	0
RODJARA	3	3	0	254.872	0	0	0	0	0	0
SAGUER ALBERT	3	1	0	25.359	0	2	0	0	0	0
ANGLADA EUGENI (CINE AMATEUR)	2	2	1	125.925	0	0	0	0	0	0
AROCHI BOSCO	2	1	0	15.633	0	1	0	0	0	0
BALLETBÓ-COLL MARTA	2	2	0	21.876	0	0	0	0	0	0

BONETE JUAN CARLOS	2	2	0	10.985	0	0	0	0	0	0
CUSSO FERRER MANUEL (BCN 1948)	2	2	1	3.155	0	0	0	0	0	0
FORTUNY JOAN (BCN 1917)	2	1	1	285.997	0	0	0	0	0	0
GASCON RICARDO	2	1	1	117765	0	0	0	0	0	0
LAPEIRA SANTIAGO	2	2	0	93.448	0	0	0	0	0	0
MINGUELL JOAN	2	1	0	619.949	1	0	0	0	0	0
MUNOZ TOMAS	2	1	1	12.628	0	0	0	0	0	0
POMES LEOPOLDO	2	1	1	209.978	0	0	0	0	0	0
ULLOA JOSE	2	2	0	254.355	0	0	0	0	0	0
VALLS JOSE LUIS	2	1	0	745	0	1	0	0	0	0
ALBERICH ENRIC	1	1	0	19.431	0	0	0	0	0	0
ALBORCH FRANCESC	1	1	0	-	0	0	0	0	0	0
CALLIS PEP	1	1	0	4.260	0	0	0	0	0	0
CAMPOS JOSE	1	1	0	115.474	0	0	0	0	0	0
COLELL JUDITH	1	1	0	20.781	0	0	0	0	0	0
COLETTI, ENRICO	1	1	0	23.841	0	0	0	0	0	0
DE PELEGRI TERESA	1	1	0	20.781	0	0	0	0	0	0
DENSALAT QUIM	1	1	0	46244	0	0	0	0	0	0
FABREGAS SIMO	1	1	0	75120	0	0	0	0	0	0
FARRE ANTONI	1	1	0	65.993	0	0	0	0	0	0
FONT DOMENECH	1	1	0	160897	0	0	0	0	0	0
FONT JESUS	1	1	0	113	0	0	0	0	0	0
GALINDO LUIS	1	1	0	72.850	0	0	0	0	0	0
GIGO JORDI	1	1	0	112.490	0	0	0	0	0	0
HERRERA FRANCESC	1	1	0	149.604	0	0	0	0	0	0
MACIA MANUEL	1	1	0	410	0	0	0	0	0	0
MARIMON FERMI	1	1	0	25.428	0	0	0	0	0	0
MARTI GICH ANTONIO	1	1	0	14.521	0	0	0	0	0	0
MARTI OCTAVI	1	1	0	160.897	0	0	0	0	0	0
MASLLORENS RAIMON	1	1	0	25.988	0	0	0	0	0	0
MONTALAT JOSEP	1	1	0	2892	0	0	0	0	0	0
OLARIA JOAN CARLES	1	1	0	47.195	0	0	0	0	0	0
OLIVE BELLES NURIA	1	1	1	20.781	0	0	0	0	0	0
REVUELTA MANUEL	1	1	0	12.518	0	0	0	0	0	0
RIPOLL MARIA	1	1	0	222.235	0	0	0	0	0	0
ROCHAT ERIC	1	1	0	102.147	0	0	0	0	0	0
RODRIGUEZ FRANCISCO	1	1	11	45.708	0	0	0	0	0	0
ROS MIREIA	1	1	1	30.599	0	0	0	0	0	0
SOLIVELLAS JOAN	1	1	0	17.668	0	0	0	0	0	0
SOTO HELVIO	1	1	0	21.399	0	0	0	0	0	0
TORRES JOAQUIN	1	1	0	9	0	0	0	0	0	0
VICIANA JOSEP	1	1	0	24.550	0	0	0	0	0	0
VILA PERE	1	1	0	26.939	0	0	0	0	0	0
ALLER LUÍS	1	1	0	3.876	0	0	0	0	0	0

Elaboración propia

nexo 3

istema de puntuación de la jerarquización de los directores de cine catalán 2

DIRECTORES CINE CATALAN 995 y 2000	PUNTOS	Filmes	Trayectoria profesional "PUNTOS"	Dicc. o. AACC 1998	Número de espectad. desde 1.1.1995 hasta 1.9.2000	Punto s espectado res	Subvención	Premio o festival internacional 4 Puntos	Premio o festival nacional 3 Puntos	Presen. festival internacion al 2 Puntos	Presen. festival nacion al 1 Punto
ARANDA VICENTE (BCN,1926) (VIVE EN MADRID)	28	3	5	1	1.037.404	5	3	8	3	0	0
PONS VENTURA (BARCELONA 1945)	25	4	4	1	217.981	1	0	16	0	0	0
COIXET ISABEL (BCN 1962)	23	2	1	1	344.914	2	1	16	0	0	0
BIGAS LUNA JOSE (BCN 1946)	23	3	5	1	868.753	4	7	0	3	0	0
BELLMUNT FRANCESC (BCN 947)	19	2	3	1	80.664	1	4	8	0	0	0
BALAGUE CARLES (BCN 949)	16	1	1	1	22.942	1	0	0	12	0	0
SUAREZ GONZALO OVIEDO 1934) (TRABAJA FUERA)	16	1	5	1	135.220	1	2	0	6	0	0
VERGES ROSA (BCN 1955)	14	1	2	1	28.330	1	1	8	0	0	0
VILLARONGA AGUSTI MALLORCA 1953)	14	3	4	1	147.602	1	2	0	3	0	0
RECHA MARC (HOSPITALET 970)	12	1	2	1	23.778	1	0	4	3	0	0
RIPOLL MARIA	11	2	0	0	222.235	1	1	4	3	0	0
GUERIN JOSE LUIS (BCN 960)	11	1	3	1	11.405	1	1	0	0	4	0
CHAVARRIAS ANTONIO HOSPITAL 1956)	10	1	1	1	80.187	1	2	4	0	0	0
BETRIU FRANCESC (LLEIDA 940) (VIVE EN MADRID)	9	2	2	1	142.557	1	0	0	3	0	0
FORN JOSEP MARIA	8	1	0	1	37.888	1	2	0	3	0	0
GAY CESC	7	2	0	0	166.275	1	0	4	0	0	0
HUERGA MANUEL (BCN 957)	6	1	0	1	132.473	1	0	0	3	0	0
VERDAGUER ANTONI TERRASA,1954)	6	1	1	1	41.993	1	2	0	0	0	0
BARTOLOMÉ CECILIA	5	1	0	0	25.364	1	3	0	0	0	0

JOVER CARLES	5	1	0	1	--	--	0	3	0	0	0
RIBERA PERPINNA XAVIER	5	1	0	0	777	1	0	0	3	0	0
GARAY JESUS (SANTANDER 1949)	5	1	2	1	43.590	1	0	0	0	0	0
AIBAR OSCAR	4	1	0	0	15.169	1	2	0	0	0	0
IQUINO IGNACIO F. (BCN 1910-1994)	4	0	3	1	0	0	0	0	0	0	0
BALLETBÓ-COLL MARTA	3	2	0	0	21.876	1	0	0	0	0	0
CUSSO FERRER MANUEL (BCN 1948)	3	1	0	1	1095	1	0	0	0	0	0
OLIVE BELLES NURIA	3	1	0	1	20.781	1	0	0	0	0	0
RODRIGUEZ FRANCISCO	3	1	0	1	45.708	1	0	0	0	0	0
ROS MIREIA	3	1	0	1	30.599	1	0	0	0	0	0
RIBAS ANTONI (BCN 1937)	3	1	1	1	----	0	0	0	0	0	0
CAMINO JAIME (BCN 1936)	3	0	2	1	0	0	0	0	0	0	0
IGLESIAS MIGUEL (BCN 1915)	3	0	2	1	0	0	0	0	0	0	0
MIRA CARLOS (VALENCIA 1947-1993)	3	0	2	1	0	0	0	0	0	0	0
JORDA JOAQUIM	3	1	0	1	17.890	1	0	0	0	0	0
DE LA LOMA JOSE ANTONIO (BCN 1924)	2	1	2	1	20.781	1	0	0	0	0	0
COLELL JUDITH	2	1	0	0	20.781	1	0	0	0	0	0
BENPAR CARLES (BCN 1948)	2	0	1	1	0	0	0	0	0	0	0
CADENA JORDI (BCN 1947)	2	0	1	1	0	0	0	0	0	0	0
GORMEZANO GERARD (ALICANTE 1958)	2	0	1	1	0	0	0	0	0	0	0
GRAU JORDI (BCN 1930)	2	0	1	1	0	0	0	0	0	0	0
HERRALDE GONZALO (BCN 1949)	2	0	1	1	0	0	0	0	0	0	0
ISASI ISASMENDI ANTONIO (MADRID 1927)	2	0	1	1	0	0	0	0	0	0	0
LLAGOSTERA FERRAN (GIRONA 1947)	2	0	1	1	0	0	0	0	0	0	0
ROVIRA BELETA FRANCISCO (BCN 1912-1999)	2	0	1	1	0	0	0	0	0	0	0
SALGOT J.A. (BCN 1953)	2	0	1	1	0	0	0	0	0	0	0
TORRES JOAQUIN	1	1	0	0	9	0	0	0	0	0	0
ABRIL ALBERT JOAN (BCN 1947)	1	0	0	1	0	0	0	0	0	0	0
AROCHI BOSCO	1	0	0	0	2.454	1	0	0	0	0	0
D'ARBO SEBASTIA	1	0	0	1	0	0	0	0	0	0	0
DEL REAL CAYETANO	1	0	0	1	0	0	0	0	0	0	0
ESTEBAN MANUEL	1	0	0	1	0	0	0	0	0	0	0
FELIU JORDI (BCN 1926)	1	0	0	1	0	0	0	0	0	0	0
FERRE IGNASI PERE (BCN 1949)	1	0	0	1	0	0	0	0	0	0	0
FORTUNY JOAN (BCN 1917)	1	0	0	1	0		0	0	0	0	0
GASCON RICARDO	1	0	0	1	0	0	0	0	0	0	0
LOMBARDERO MANUEL	1	0	0	1	0	0	0	0	0	0	0
MULA ISABEL	1	0	0	1	0	0	0	0	0	0	0

MUNOZ TOMAS	1	0	0	1	0	0	0	0	0	0	0
NUNES JOSE MARIA (FARO, PORTUGAL 1930)	1	0	0	1	0	0	0	0	0	0	0
PADROS ANTONI (BCN 1946)	1	0	0	1	0	0	0	0	0	0	0
POMES LEOPOLDO	1	0	0	1	0	0	0	0	0	0	0
PORTABELLA PERE (GIRONA 1927)	1	0	0	1	0	0	0	0	0	0	0
AMORÓS JORDI (BCN 1944)	1	0	0	1	0	0	0	0	0	0	0
ANGLADA EUGENI (CINE AMATEUR)	1	0	0	1	0	0	0	0	0	0	0
ALBERICH ENRIC	0	0	0	0	0	0	0	0	0	0	0
ALBORCH FRANCESC	0	0	0	0	0	0	0	0	0	0	0
ALLER LUÍS	0	0	0	0	0	0	0	0	0	0	0
BAYONA JORDI	0	0	0	0	0	0	0	0	0	0	0
BONETE JUAN CARLOS	0	0	0	0	0	0	0	0	0	0	0
CALLIS PEP	0	0	0	0	0	0	0	0	0	0	0
CAMPOS JOSE	0	0	0	0	0	0	0	0	0	0	0
CASANOVAS FRANCESC	0	0	0	0	0	0	0	0	0	0	0
CONTEL RAUL	0	0	0	0	0	0	0	0	0	0	0
DE PELEGRI TERESA	0	0	0	0	0	0	0	0	0	0	0
DENSALAT QUIM	0	0	0	0	0	0	0	0	0	0	0
FABREGAS SIMO	0	0	0	0	0	0	0	0	0	0	0
FARRE ANTONI	0	0	0	0	0	0	0	0	0	0	0
FÁVER HECTOR	0	0	0	0	0	0	0	0	0	0	0
FONT DOMENECH	0	0	0	0	0	0	0	0	0	0	0
FONT JESUS	0	0	0	0	0	0	0	0	0	0	0
GALINDO LUIS	0	0	0	0	0	0	0	0	0	0	0
GIGO JORDI	0	0	0	0	0	0	0	0	0	0	0
GUARDIET ROMA	0	0	0	0	0	0	0	0	0	0	0
HERRERA FRANCESC	0	0	0	0	0	0	0	0	0	0	0
LAPEIRA SANTIAGO	0	0	0	0	0	0	0	0	0	0	0
MACIA MANUEL	0	0	0	0	0	0	0	0	0	0	0
MARIMON FERMI	0	0	0	0	0	0	0	0	0	0	0
MARTI GICH ANTONIO	0	0	0	0	0	0	0	0	0	0	0
MARTI OCTAVI	0	0	0	0	0	0	0	0	0	0	0
MARTIN ANDREU (BCN 1949)	0	0	0	1	0	0	0	0	0	0	0
MASLLORENS RAIMON	0	0	0	0	0	0	0	0	0	0	0
MINGUELL JOAN	0	0	0	0	0	0	0	0	0	0	0
MONTALAT JOSEP	0	0	0	0	0	0	0	0	0	0	0
MORA TONI	0	0	0	0	0	0	0	0	0	0	0
OLARIA JOAN CARLES	0	0	0	0	0	0	0	0	0	0	0
REVUELTA MANUEL	0	0	0	0	0	0	0	0	0	0	0
ROCHAT ERIC	0	0	0	0	0	0	0	0	0	0	0
RODJARA	0	0	0	0	0	0	0	0	0	0	0
SAGUER ALBERT	0	0	0	0	0	0	0	0	0	0	0
SOLIVELLAS JOAN	0	0	0	0	0	0	0	0	0	0	0
SOTO HELVIO	0	0	0	0	0	0	0	0	0	0	0
ULLOA JOSE	0	0	0	0	0	0	0	0	0	0	0
VALLS JOSE LUIS	0	0	0	0	0	0	0	0	0	0	0
VICIANA JOSEP	0	0	0	0	0	0	0	0	0	0	0
VILA PERE	0	0	0	0	0	0	0	0	0	0	0

Elaboración propia

Anexo 4

Películas catalanas estrenadas entre 1996 y 1999 y compañías distribuidoras cinematográficas (Las películas producidas por Lolafilms se quedaron fuera de nuestra consideración. La sede social de la productora está en Madrid.)

No	Película	Taquilla	Año	Director	Distribuidora
1	A tres bandas	1.455.360	1996	Enrico Coletti	Telegroup, S.L.
2	Actrius	27.268.503	1996	Ventura Pons	Buenavista International
3	Amic Amat	49.573.626	1998	Ventura Pons	Laurenfilm, S.A.
4	Arbol de las cerezas, El	12.987.700	1998	Marc Recha	Laurenfilm, S.A.
5	Ave María	ND	1999	Eduardo Rossoff	Manga Films, S.L.
6	Babaouo	4.403	1997	Manuel Cusso-Ferrer	Kronos Play & Films, S.A.
7	Bomba de relojería	621.200	1997	Ramon Grau	Cinecito, S.L.
8	Carícias	34.205.550	1997	Ventura Pons	Laurenfilms S.A.
9	Cariño, he enviado los hombres...	1.771.527	1998	M.Balletbó; Ana Simón	Costa Brava Films, S.L.
10	Científicament perfectes	161.750	1996	Alonso Capell	Alonso Capell
11	Ciutat dels prodigis, La	68.478.796	1999	Mario Camus	Sogedasa, S.A.
12	Cos al bosc, Un	8.909.031	1996	Joaquín Jordá	Telegroup, S.L.
13	Domini dels sentits, El	12.188.082	1996	Isabel Gardela; Judith Colell; Teresa de Pelgri; María Ripoll; Nuria Olive	Telegroup, S.L.
14	Em dic Sara	10.081.957	1998	Dolores Payas	In Vitro Films, S.A.
15	Far, El	3.838.550	1998	Manuel Balaguer	Sogedasa, S.A.
16	Goomer	21.919.759	1999	Carlos Varela; Jose Feito	Sogedasa, S.A.
17	Gràcies per la propina	29.435.582	1997	Francesc, Bellmunt	Fair Play Produccions, S.A.
18	Hotel Room	2.661.052	1997	Cesc Gay	Bailando Con Todos, S.L.
19	Irene	NE	1998	Manel Mallol	Iris Star S.L.
20	L'altra cara de la luna	525.075	1999	Jose Luis Cameron	Sogedasa, S.A.

21	Los sin nombre	161.270.47 2	199 9	Jaume Balagueró	Sogedasa, S.A.
22	Manolito Gafotas	424.289.13 8	199 9	Luis Miguel Albadalejo	Sogedasa, S.A.
23	Mar, El	34.283.457	199 9	Agustín Villaronga	Laurenfilm, S.A.
24	Monos como Becky	1.109.800	199 9	Joaquin Jordá	Diafragma Producciones
25	Monyos, La	15.240.562	199 6	Mireira Ros	United International
26	Morir o no	25.269.548	199 9	Ventura Pons	Laurenfilm, S.A.
27	No es pot tenir tot	26.629.452	199 6	Jesus Garay	Telegroup.S.L.
28	No respires, el amor ...	30.692.142	199 8	Juan Potau	Sogedasa,S.L
29	Pianista, El	18.296.544	199 8	Mario Gas	Alta Films.S.A.
30	Piraña en el bidé, Una	20.061.105	199 6	Carles Pastor	Columbia Tri-Star
31	Poas	NE	199 9	Claudio Lauria	Ven Ga Va Producc.
32	Primats	ND	199 6	Carles Jover	Telegroup,S.L.
33	Saïd	4.081.587	199 8	Lorenzo Soler	Columbia Tri-Star
34	Subjudice	23.621.010	199 8	Josep María Forn	Filmax, S.A.
35	Susanna	41.971.070	199 6	Antonio Chavarrías	Laurenfilm,S.A.
36	Tatawo	NE	199 8	Jordi Solè	Agotadas Las Localidades
37	Terra de canons	ND	199 8	Antonio Ribas	Montornés Films
38	Tic-Tac	17.018.712	199 7	Rosa Vergés	Espectarama,S.A.
39	Tomándote	2.638.075	199 9	Isabel Gardela	Laurenfim, S.A.
40	Torturado por las rosas	24.725	199 7	Eugenia Kleber	Grupo Cine Arte, S.L.
41	Tren de sombras.	7.469.828	199 6	José Luis Guerin	Wanda Distribución
42	Viaje de Adrián, El	217.650	199 9	Eduardo Rodríguez	Buenavista International

Fuente: ICAA
          Elaboración propia

Anexo 5

Revistas cinematográficas

No	Revista	Lugar
1	Academia	Madrid
2	Actores	Madrid
3	AGR	Madrid
4	American Cinematographer	EEUU
5	Animation Journal	UE
6	Animation Magazine	UE
7	Animation Reporter	UE
8	Archives	UE
9	Archivos Filmoteca	Barcelona
10	ASIFA	Barcelona
11	Avanscène	UE
12	Banda Aparte	Valencia
13	Boletín de la Academia	Madrid
14	Bref	UE
15	Cahiers de Cinema	UE
16	Cartoon	UE
17	Casanova Professional	España
18	Cine & Media	Madrid
19	Cine Fantastique	UE
20	Cineaste	UE
21	Cineforum	Barcelona
22	Cinema Journal	UE
23	Cinemanía	Madrid
24	CinemaRescat	Barcelona
25	Cinerama	Madrid
26	Cinergón	UE
27	Cinetela	UE
28	Cinevide 20	UE
29	Dirigido Por	Barcelona
30	DOX	Barcelona
31	Entreacte	España
32	Estrenos Actuales	España
33	Fantastic Magazine	Barcelona
34	F+C Multimedia	Madrid
35	Ficher de Cinema	UE
36	FilmHistoria	Barcelona
37	Film Quaterly	UE
38	Film Review	UE
39	Filmcrítica	UE
40	FilmHistory	UE
41	Fotogramas	Barcelona
42	Gran Ilusión	España
43	Historical Journal	UE
44	Imágenes de Actualidad	Barcelona
45	Imagens Documentaires	UE
46	Interfilms	Madrid

47	Jeune Cinéma	UE
48	Journal of Film Presentation	UE
49	Lettre Mensuelle	UE
50	Literature Film Quartely	UE
51	Music from the movies	EEUU
52	National Film Theatre	UE
53	Nickel Odeon	Madrid
54	Nosferatu	San Sebastián
55	Pantalla 90	España
56	Plajen International	UE
57	Premiere	EEUU
58	Positif	UE
59	Projeccions de Cinema	Barcelona
60	Reseña	Madrid
61	Revue Premier Film	UE
62	Screen Digest	EEUU
63	Screen International	EEUU
64	Sight & Sound	EU
65	Showpress	Barcelona
66	Stars	EEUU
67	Studio Magazine	EEUU
68	Tele Informe	Madrid
69	Temps Moderns	EU
70	Turia	Valencia
71	Variety	EEUU
72	Velvet	EU
73	Versión Original	Madrid
74	Video Broadcast	EEUU
75	Vídeo Popular	Barcelona
76	Wide Angle	EEUU

Fuentes propias

Anexo 6

Asociaciones profesionales

Asociaciones	Número Socios	Actividad	Boletín Socios	Tipo de interlocutores	Serie de reivindicaciones	Actuaciones
Gremio provincial de empresas de cine de Catalunya	800	Explotación de las salas de cine provincial	Cartas	Generalitat de Cataluña	Representación ante las instituciones	Defensa legal y fiscal Foros de debate
Associació catalana de crítics i escriptors de cinema	85	Cooperativa Material de cine didáctico para escuelas	Web	Escuelas Instituciones Universidades Ayuntamiento	Información	Difusión Información Distribución material
Federació catalana de Cineclubs	40	Impulsar el cine no comercial	Cartas	Diputación. Instituciones. Ayuntamientos y otros.	Difusión cinematográfica minoritaria	Distribución Proyección de filmes.
Associació profesional de promotors i assessors de l'espectacle.	83	Impulsar y defender a mánagers y representantes de Catalunya y Baleares	Web	Instituciones. Teatros y todo tipo de empresas relacionadas con el sector.	Representación legal de sus asociados.	Representación, defensa. Descuentos y mejora de la situación.
Associació de creadors independents	13	Organizar y crear eventos culturales	No	Ayuntamiento de Sant Boi. Empresas del sector.	Reunión y promoción cultural de Sant Boi.	Conciertos. Exposiciones. Colaboración en cortos.
Asociació de Guionistas (GAC)	13	Representar Asesorar y defender a sus socios.	Web	Empresas del sector.	Representación legal de sus asociados.	Defensa jurídica. Información económicos
ARTVC(Associació de Realitzadors de TV de Catalunya)	148	Defensa de los realizadores	Cartas	Organizaciones de realizadores y otras asociaciones	Defender a los realizadores y organizar un Colegio profesional.	Comunicados y contactos

Colegio de directores de cine catalán	135	Defensa de los realizadores	Cartas Web	Organizaciones de realizadores y otras asociaciones	Defensa y representación de los socios	Información Conferencias Publicaciones
Asociación Internacional de Film de Animación	45	Representación de los socios Promoción	Boletín	Administración	Ayudas	Información Ciclos de cine Festivales
ACPCA (Asociación Catalana de Productores Cinematográficos y Audiovisuales)	32	Representación de productoras	Boletín	Profesionales de sector Administración	Ayuda al sector	Información Representación Investigación Documentación
Barcelona Audiovisual	11	Representación de productoras	Cartas	Profesionales de sector Administración	Ayuda al sector	Información Representación Investigación Documentación

Fuentes propias

Anexo 7

Cines de Barcelona por distritos (1989)

Número	Cines	Salas	Distrito
1	Borrás	1	1. Ciutat Vella
2	Club Capitol	2	1. Ciutat Vella
3	Palacio	1	1. Ciutat Vella
4	París	2	1. Ciutat Vella
5	Pelayo	3	1. Ciutat Vella
6	Alcázar	1	2. Eixample
7	Alexandra	3	2. Eixample
8	Alexis	1	2. Eixample
9	Aquitania	1	2. Eixample
10	Aribau	1	2. Eixample
11	Astória	1	2. Eixample
12	Bailén	1	2. Eixample
13	Catalunya	1	2. Eixample
14	Club Coliseum	1	2. Eixample
15	Coliseum	1	2. Eixample
16	Comedia	3	2. Eixample
17	Fantasio	1	2. Eixample
18	Fémina	1	2. Eixample
19	Florida	3	2. Eixample
20	Moderno	1	2. Eixample
21	Montecarlo	1	2. Eixample
22	Nápoles	2	2. Eixample
23	Niza	1	2. Eixample
24	Novedades	1	2. Eixample
25	Publi	2	2. Eixample
26	Rex	1	2. Eixample
27	Savoy	1	2. Eixample
28	Tivoli	1	2. Eixample
29	Urgell	1	2. Eixample
30	Vergara	1	2. Eixample
31	Waldorf	4	2. Eixample
32	Palacio Balañá	1	3. Sants-Montjuic
33	ABC	1	5. Sarrià- Sant Gervasi
34	Arcàdia	1	5. Sarrià- Sant Gervasi
35	Arcadin	2	5. Sarrià- Sant Gervasi
36	Balmes	1	5. Sarrià- Sant Gervasi
37	Bosque	1	6. Gràcia
38	Casablanca	2	6. Gràcia
39	Verdi	3	6. Gràcia
40	Lauren Gràcia	4	6. Gràcia
41	Río	1	9. Sant Andreu
42	Victoria	1	9. Sant Andreu

Fuente: Anuari Estadistic de la Ciutat de Barcleona 1989

Anexo 8
Cines de Barcelona por distritos (1998)

Número	Cines	Salas	Distrito
1	Club Capitol	2	1. Ciutat Vella
2	Imax Port Vell	1	1. Ciutat Vella
3	Lauren Universitat	3	1. Ciutat Vella
4	Maldà	1	1. Ciutat Vella
5	Maremàgnum	8	1. Ciutat Vella
6	Palacio	1	1. Ciutat Vella
7	París	2	1. Ciutat Vella
8	Alcázar	1	2. Eixample
9	Alexandra	3	2. Eixample
10	Alexis	1	2. Eixample
11	Aribau	1	2. Eixample
12	Boliche	4	2. Eixample
13	Capsa	1	2. Eixample
14	Casablanca	2	2. Eixample
15	Club Coliseum	1	2. Eixample
16	Club Doré	2	2. Eixample
17	Coliseum	1	2. Eixample
18	Comedia	5	2. Eixample
19	Diagonal	1	2. Eixample
20	Fantasio	1	2. Eixample
21	Lauren Girona	3	2. Eixample
22	Méliès	2	2. Eixample
23	Montecarlo	1	2. Eixample
24	Nàpols	2	2. Eixample
25	Niza	1	2. Eixample
26	Novedades	1	2. Eixample
27	Publi	2	2. Eixample
28	Rex	1	2. Eixample
29	Savoy	1	2. Eixample
30	Urgell	1	2. Eixample
31	Waldorf	4	2. Eixample
32	Arenas	1	3. Sants-Montjuic
33	Palacio Balañá	1	3. Sants-Montjuic
34	Renoir	6	4. Les Corts
35	Cinesa Diagonal (1999)	11	5. Sarrià- Sant Gervasi
36	ABC	1	5. Sarrià- Sant Gervasi
37	Arcadia	1	5. Sarrià- Sant Gervasi
38	Balmes	1	5. Sarrià- Sant Gervasi
39	Gran Sarrià Multicines	8	5. Sarrià-Sant Gervasi
40	Bosque	9	6. Gràcia
41	Casablanca	2	6. Gràcia
42	Lauren Gràcia	4	6. Gràcia
43	Verdi	5	6. Gràcia
44	Verdipark	4	6. Gràcia
45	Lauren Horta	8	7. Horta- Guinardó
46	Río	1	9. Sant Andreu

47	La Maquinista (2000)	13	9. Sant Andreu
47	Club Pedro IV	2	10. San Martí
48	Icària	15	10. San Martí
49	Multicines Glorías	7	10. San Martí

Fuente: Anuari Estadistic de la Ciutat de Barcleona 1998-1999

Anexo 9

Multicines en la zona metropolitana de Barcelona en el 2000

Nombre	Lugar	Salas
Cines Montigalà	Badalona	7
Picarol	Badalona	6
Yelmo Cineplex	Barberà del Vallés	11
El Punt	Cerdanyola	11
Multicines Llobregat	Cornellà	14
Barnasud Multicines	Gava	10
Multicines El Nord	Granollers	12
Oscar	Granollers	5
Mundial	Granollers	3
Kursal	Igualada	3
Cinesa La Farga	L'Hospitalet	7
Multicines Bages	Manresa	12
Atlantida	Manresa	3
Cinemes Mataró	Mataró	4
Núria	Mataró	3
Cine Mollet	Mollet del Vallès	6
Multicines Abrera	Montserrat	10
Rubí Palace	Rubí	5
Multicines Eix Macià	Sabadell	9
Cineart	Sabadell	6
Yelmo Cineplex	Sant Cugat del Vallès	9
Cinesa Sant Cugat	Sant Cugat del Vallès	4
Yelmo Cineplex	Sant Feliu de Llobregat	8
Guinart	Sant Feliu de Llobregat	6
AMC 24 Parc Vallès	Terrassa	24
Lauren Viladecans	Viladecans	11
TOTAL		**209**

Fuente: El País
        Elaboración propia

114

Anexo 10

Cines no comerciales por distritos 1998

No	Cines	Distrito
1	Ass. Amics del Ferrocarril	1. Ciutat Vella
2	Ateneu Barcelonès	1. Ciutat Vella
3	C. parroquial Ntra. Sra. del Carme	1. Ciutat Vella
4	Casal Lambda	1. Ciutat Vella
5	Centre Excursionista de Catalunya	1. Ciutat Vella
6	Col. Of. Arquitectes de Catalunya	1. Ciutat Vella
7	Escola Oficial d'Idiomes *Arc Teatre	1. Ciutat Vella
8	ETP Xavier	1. Ciutat Vella
9	Facultat de nàutica	1. Ciutat Vella
10	IES Pau Claris	1. Ciutat Vella
11	C. Parroquial Roser	2. Eixample
12	Col.legi Jesuïtes Casp-Sagrat Cor Jesús	2. Eixample
13	Col.legi Salesians Sant Josep	2. Eixample
14	IES Joan Maragall	2. Eixample
15	Inst. Italiano di Cultura Barcelona	2. Eixample
16	Salesianes Maria Auxiliadora	2. Eixample
17	C. Catòlic Sants	3. Sants-Montjuic
18	C. Formació Permanent - Sants	3. Sants-Montjuic
19	E.T.S. arquitectura	4. Les Corts
20	E.T.S. enginyers industrials	4. Les Corts
21	Facultat C. econòmiques i empresarials	4. Les Corts
22	A.E. Pere Quart	5. Sarrià- Sant Gervasi
23	Ass. Personal Caixa Est. Pensions Bcn	5. Sarrià- Sant Gervasi
24	CFP Escola Pia de Sarria-Calassanç	5. Sarrià- Sant Gervasi
25	Museu Ciència Fund. la Caixa	5. Sarrià- Sant Gervasi
26	The British Council-Inst. Britànic	5. Sarrià-Sant Gervasi
27	Cercle Catòlic de Gràcia	6. Gràcia
28	C. Parroquial Sant Joan d'Horta	7. Horta- Guinardó
29	Resid. G. Llars Mundet	7. Horta- Guinardó
30	Ateneu Pop. Nou Barris	8. Nou Barris
31	Col.legi Jesús, Maria i Josep	9. Sant Andreu
32	IES Berenguer de Palou	9. Sant Andreu
33	IES Joan Fuster	9. Sant Andreu
34	Sala de teatre Sant Pacià	9. Sant Andreu
35	C. parroquial Sant Fèlix	10. San Martí
36	Casa Cuenca	10. San Martí
37	CEIP La Caixa	10. San Martí
38	Coop. La Formiga Martinenca	10. San Martí
39	Foment Martinenc	10. San Martí
40	IES Sant Josep de Calassanç	10. San Martí

Fuente: Anuario Estadístico. Ayuntamiento de Barcelona. Elaboración propia

Anexo 11

Recaudación de películas españolas y catalanas hasta 1998 (en pesetas)

Cine Español 1998	Recaudación	Cine Catalán 1998	Recaudación
Torrente, el brazo tonto de la ley	1703825394	Los sin nombre	161270472
Abre los ojos	751360632	Ciutat dels prodigis, La	68478796
La niña de tus ojos	704451649	Amic Amat	49573626
Cha-cha-cha	458741252	En brazos de la mujer madura	45933457
Los amantes del círculo polar	391333036	Susanna	41971070
Barrio	325283645	Carícias	34205550
Los años bárbaros	287631222	No respires, el amor está en el aire	30692142
El abuelo	277337336	Gràcies per la propina	29435582
Cosas que dejé en La Habana	219966695	Actrius	27268503
Secretos del corazón	213597612	Subjudice	23621010
La buena estrella	129306374	No es pot tenir tot	22119727
El milagro de P. Tinto	107604745	Goomer	21919759
Mensaka: Páginas de una historia	99200133	Una piraña en el bidé	20061105
Atómica	97269638	Pianista, El	18296544
Nada en la nevera	91121205	Tic-Tac	17018712
Martín Hache	83968085	Monyos, La	15240562
Mi nombre es Joe	83093403	Duquesa roja, La	14996240
Mátame mucho	70234949	L'abre de les cireres	12987700
El faro del sur	69242994	Em dic Sara	10081957
Mararía	64072370	Domini dels sentits, El	9719007
La mirada del otro	62490137	Cos al bosc, Un	8909031
Carreteras secundarias	58830481	Tren de sombras	7469828
Insomnio	57059247	Atolladero	6997575
TOTAL	6.407.022.234		698.267.955

Fuente: ICAA
    Anuario SGAE 2000
    Elaboración propia

Anexo 12

Largometrajes catalanas 1996-1998

B = Año: 1 = 1996; 2 = 1997; 3 = 1998
C = Género: 1 = comedia; 2 = drama / ficción; 3 = thriller / aventuras; 4 = documental;
5 = animación; 6 = infantil; 7 = experimental; 8 = reportaje; 9 = educativo; 10 = terror
D = Número de espectadores

No	Película	B	C	D	E	Distribuidora
1	A tres bandas	1	3	13292	7488475	Telegroup, S.L.
2	Actrius	1	2	46506	27268503	Buenavista International
3	Amic Amat	3	2	78325	49573626	Laurenfilm, S.A.
4	Asunto Interno	1	2	1664	1463317	Balague Mazon, Carlos
5	Atolladero	1	2	10990	6997575	Atlanta Films, S.L.
6	Ave María	4	2	ND	ND	Manga Films, S.A.
7	Babaouo	2	7	14	4403	Kronos Play & Films, S.A.
8	Bomba de relojería	3	3	1071	621200	Cinecito, S.L.
9	Carícias	2	2	58812	34205550	Laurenfilms, S.A.
10	¡Cariño, he enviado los hombres...	3	1	2454	1771527	Costa Brava Films, S.L.
11	Científicament perfectes	1	7	551	161750	Capell Alonso, Francisco Javier
12	Ciutat dels prodigis, La	4	2	102281	68478796	SOGEDASA
13	Cos al bosc, Un	1	3	17151	8909031	Telegroup, S.L.
14	Domini dels sentits, El	1	2	8291	9719007	Telegroup, S.L.
15	Duquesa rojo, La	1	2	27883	14996240	Columbia Tri-Star
16	Em dic Sara	3	2	15755	10081957	In Vitro Films, S.A.
17	En brazos de la mujer madura	2	2	84674	45933457	Sogepaq Distribución, S.A.
18	Far, El	2	2	5602	3838550	SOGEDASA
19	Goomer	4	5	35363	21919759	SOGEDASA
20	Gràcies per la propina	1	1	38927	29435582	Fair Play Produccins, S.A.
21	Hotel Room	2	1	4636	2661052	Bailando Con Todos S.L.
22	Irene	3	3	NE	NE	Iris Star S.L.
23	L'abre de les cireres	3	2	23788	12987700	Laurenfilm, S.A.
24	L'altra cara de la luna	5	1	750	525075	SOGEDASA
25	Los sin nombre	4	10	246971	161270472	SOGEDASA
26	Monos como Becky	4	4	1942	1109800	Diafragma
27	Monyos, La	1	2	30599	15240562	United International Pictures y Cia, S.R.C.
28	Naixement de la bruixa avorrida, El	3	2	NE		
29	Necesidades	1	2	3906	2624325	Manga Films, S.A.
30	No es pot tenir tot	2	1	35467	22119727	Telegroup, S.L.
31	No respires, el amor está en el aire	3	1	44211	30692142	SOGEDASA
32	Paraules	1	2	NE	NE	
33	Pianista, El	3	2	28037	18296544	Alta Films, S.A.
34	Poas	3	2	NE	NE	Ven Ga Va Producc. Cinematog.
35	Primats	1	1	ND	ND	Telegroup, S.L.
36	Saïd	3	2	6264	4081587	Columbia Tri-Star

37	Subjudice	3	3	36570	23621010	Filmax, S.A.
38	Susanna	1	3	79007	41971070	Laurensfilms, S.A.
39	Tatawo	3	2	NE	NE	Agotadas Las Localidades S.L.
40	Terra de canons	3	2	ND	ND	Montornés Films
41	Tic-Tac	2	2	28185	17018712	Filmax, S.A.
42	Todo me pasa a mi	5	1	ND	ND	Iris Star S.L.
43	Torturado por las rosas	2	2	43	24725	Grupo Cine Arte, S.L.
44	Tren de sombras	1	2	11405	7469828	Wanda Distr. Cinematográfica de Films, S.A.
45	Una piraña en el bidé	1	1	42741	20061105	Columbia Tri-Star
	Total recaudación				**724.643.741**	

Fuente: Catalana Films
ICAA
Elaboración propia

Anexo 13

Producción catalán de animación entre 1996 y 1999

Company	Country	Hours produced
D'Ocon Films	Spain	62
Neptuno Films	Spain	46
France Animation	France	43
Neurones	Benelux	36
Cromosoma	Spain	31
Ellipseanime	France	29
Saban International	France	28
BRB	Spain	27
TV Loonland	Germany	27
PMMP	France	25
Animage	France	20
Eva Entertaintment	UK	20
Milimages	France	18
TFC	Germany	18
Arles Animation	France	17
Marathon	France	17
Egmont Imagination	Denmark	15
HIT Entertainment	UK	15
Cosgrove Hall Films	UK	13
Alphanim	France	12

Fuente: CARTOON/Screen Digest
2000

Anexo 14

La configuración discursiva del cine catalán

El cine catalán comenzó a finales de siglo XIX y ya a principios del siglo XX se establecieron dos escuelas artísticas consolidadas: una realista, encabezada por Fructuós Gelabert, y una fantástica, originada por Segundo de Chomón[139]. Más tarde, y hasta la Primera Guerra Mundial, Barcelona se convirtió en el centro más importante de la joven industria del cine español. Hasta finales de los años veinte se produjeron en Barcelona centenares de filmes desde el género histórico al de costumbres y seriales de episodios[140]. Dos seriales de Joan María Codina – Codicia y Mefisto – fueron los aciertos comerciales más importantes y llegaron a ser considerados como las obras más conseguidas del género en el cine catalán[141]. Entre 1914 y 1923 se produjeron en Catalunya 212 películas de ficción y 131 documentales[142]. La Dictadura de Primo de Rivera (1923-30) desplazaría la industria del cine a Madrid, dejando de ser Barcelona la sede principal de la cinematografía española. Tras la proclamación de la Segunda República se montaron en todo el país diversos estudios de rodaje de películas habladas. Poco antes de que estallara la Guerra Civil había importantes escuelas documentalistas y de cortometrajes en Barcelona y Madrid; existían 116 salas de cine en Barcelona y 62 en Madrid, y entre 1932 y 1936 se produjeron 53 y 50 largometrajes en estas ciudades, respectivamente. Durante la Guerra Civil la producción de cine catalán se limitó a cortos documentales institucionales y al final del conflicto se concentró la industria cinematográfica en Madrid[143]. El cine catalán de los años cuarenta se limitó a filmes históricos o de época que de algún modo reflejaban el espíritu de la tierra[144]. Se filmaron thrillers y otras películas de poca relevancia social[145]. Además se producen una cantidad significativa de obras de cine negro, que en retrospectiva tienen un valor de documentación social importante, puesto que se desenlacen en ámbitos sociales poco filmadas en aquella época[146].
Durante la década de los sesenta hubo un enorme auge creador por parte de la nueva generación que no participó en la Guerra Civil. Aparece la Nova Cançó y películas basadas en obras literarias catalanas[147]. Se produjeron melodramas con una cierta sensibilidad hacia la situación social del país[148].
Asimismo, aparece un fenómeno nuevo en el mapa cinematográfico catalán: la llamada Escola de Barcelona. Inscrita dentro de las corrientes innovadoras del cine europeo, las características fundamentales de este grupo de jóvenes cineastas, que pertenecían en su mayoría a familias burgueses, eran la autofinanciación, el sistema cooperativo de producción, el carácter experimental y vanguardista y el tratamiento de temas ajenos y radicalmente opuestos al realismo del Nuevo Cine español.

---

[139] Para comenzar el análisis de la estructura discursiva del sector cinematográfico catalán buscamos la acreditación más canónica de las tradiciones artísticas, cuyos máximos exponentes se encuentran en las versiones de las enciclopedias. Para los años 1960-80 y 1980-1997 hemos consultado la Enciclopèdia Catalana. (Història. Política, Societat i Cultura dels Països Catalans. Enciclopèdia Catalana. Barcelona. Dos tomos. 1998 y 1999.) Además recurrimos a los estudios de Film Historia de Universitat de Barcelona. (El Cine en Catalunya. Una aproximación histórica. Centro de Investigaciones Film Historia, Barcelona, 1993. Director de la colección: José María Caparrós-Lera)
[140] Caparrós-Lera. J.M., en El Cine en Catalunya. Ob.cit. pág. 15-16.
[141] Según Miquel Porter. Ver ibid. pág. 18
[142] González, P., Història del cinema a Ca.talunya,I. L'època del cinema mut 1896-1931. Barcelona. Llar de Llibre. 1986. Pág. 111
[143] Caparrós-Lera. J.M., Ob.cit. pág. 24-31
[144] De España, R., en El Cine en Catalunya. Ob.cit. pág. 40.
[145] Ripoll. X., ibídem. Pág. 66.
[146] Medina, E., Cine negro y policíaco español de los años cincuenta. Laertes. Barcelona. 2000
[147] 1960. Siega Verde, de Rafael Gil; 1960. Gaudí, de Josep María Argemí; 1961. Los cuervos, de Julio Coll; y 1963. Vida de familia, de José Luis Font.
[148] 1966. La piel quemada, de Josep María Forn; y 1965. El último sábado, de Pere Balaña.

La tabla 75 compara la Escola de Barcelona y el Nuevo Cine Español durante los años 1964 a 1970. La comparación ha sido posible por las referencias a películas recogidos de dos libros escritos por los mismos autores: *La Escuela de Barcelona: el cine de < gauche divine >*[149] y el otro, *Los < Nuevos Cines> Europeos 1955 – 1970* [150]. Los datos sobre espectadores y recaudación son del Ministerio de Cultura.

Tabla 75: Escola de BCN Y Nuevo Cine Español 1964 – 1970 en comparación

	Espectadores	Recaudación
Escola de Barcelona	2 641 792	64 226 263
Nuevos Cines Europeos. España.	6 429 678	192 008 607
Escola de BCN / Nuevo Cine Español en %	41	33

Fuente: ICAA
        Elaboración propia.

La "Gauche Divine "se llevó el 41% de los espectadores y el 33% de la recaudación del Nuevo Cine Español. A continuación presentamos las películas y sus autores en detalle.

---

[149] Riambau, E., y Torreiro. C., Anagrama. Barcelona, 1999.
[150] Riambau, E.; Torreiro. C.,; y Monterde, J.E. Colección Ordet.Barcelona, 1987.

Tabla 76: Los filmes de la Escola de Barcelona

Film	Año	Expectadores hasta 1998	Recaudación hasta 1998	Director
Acteón	1965	34844	1413238	Grau, Jorge
Room	1970	ND	ND	Suarez, Gonzalo
Biotaxia	1967	19417	682282	Nunes, José María
Brillante Provenir	1964	130012	2913936	Aranda, Vicente; Gubern, Roman
Cabezas Cortadas	1970	29565	1647123	Glauber, Roger
Cada vez que..	1967	59187	1735656	Duran, Carlos
Circles	1966	ND	ND	Bofill, Ricardo
Crueles, Las	1969	338695	8744537	Aranda, Vicente
Cuadeduc Vampir	1970	ND	ND	Portabella, Pere
Dante no es únicamente severo	1967	17051	683958	Esteva, Jacinto; Jordá Joaquín
Después del diluvio	1968	6847	350816	Esteva, Jacinto
Dia de muertos	1960	ND	ND	Jordá, Joaquín; Marcos, Julian
Ditirambo	1967	17175	659056	Suarez, Gonzalo
Ditirambo (corto)	1967	ND	ND	Suarez, Gonzalo
Extraño caso de dr. fausto, el	1969	19477	817677	Suarez, Gonzalo
Fata morgana	1966	40053	1882000	Aranda, Vicente
Felices sesenta, los	1963	ND	ND	Camino, Jaime
Historia de amor, una	1966	355584	8251780	Grau, Jorge
Historia de una chica sola	1969	245335	6860824	Grau, Jorge
Horrible ser nunca visto, el	1966	ND	ND	Suarez, Gonzalo
Lejos de los arboles	1970	19000	1116411	Esteva, Jacinto
Liberxina 90	1970	ND	ND	Duran, Carlos
Metamorfosis	1971	2935	175725	Esteva, Jacinto
No conteis con los dedos	1967	ND	ND	Portabella, Pere
Noche de vino tinto	1966	105137	2595261	Nunes, José María
Nocturno 29	1968	11981	517007	Portabella, Pere
Ochizo	1970	ND	ND	Bofill, Ricardo
Tuset street	1968	1189475	23177596	Grau, Jorge
Umbracle	1971	ND	ND	Portabella, Pere
TOTAL		2.641.772	64.221.380	

Fuente: Ministerio de Cultura.
    Elaboración propia.

Tabla 77: Las películas del Nuevo Cine Español

Film	año	Espectadores hasta 1998	Recaudación hasta 1998	director
Amador	1965	213320	3228515	F. Regueiro
Arte de vivir, el	1965	272093	48093350	J. Diamante
Busca, la	1966	333187	6653384	A. Fons
Caza, la	1965	340920	9336852	C. Saura
Contactos	1970	ND	ND	P.Violta
De cuerpo presente	1965	120363	2510625	A. Eceiza
España isólita	1965	287638	6369331	J.Aguirre
Hombre oculto, el	1970	5387	296818	A. Ungría
Intenciones secretas, las	1969	153732	5011392	A. Eceiza
Jardin de las delicias, el	1970	301405	12245083	C. Saura
Juego de la oca, el	1965	1094789	19284745	M. Summers
Juguetes rottos	1966	103779	2375424	M. Summers
Madriguera, la	1969	468922	15624998	C. Saura
Me enveneno de azules	1969	26040	1288402	F. Regueiro
Nueve cartas a berta	1965	417713	9917798	B. Martin Patino
Oscuros sueños de agosto	1967	294661	5448164	M. Picazo
Peppermint frappé	1967	669063	18550635	C. Saura
Salvajes en puente san gil, los	1967	441105	7801295	A. Ribas
Si volvemos a vernos	1967	169156	3292909	F. Regueiro
Stress es tres tres	1968	151363	3830594	C. Saura
Tinto con amor	1968	18354	293098	F. Montoliu
Ultimo encuentro	1966	119340	1951845	A. Eceiza
Último sábado	1966	165313	3065502	P. Balañá
Uno, dos,tres, al escondite inglés	1969	262035	5538148	I. Zulueta
TOTAL		**6.429.678**	**192.008.907**	

Fuente: Ministerio de Cultura
Elaboración propia.

ideas de la Escola de Barcelona obtuvieron su proyección teórica en las Jornadas Internacionales de Escuelas de Cinematografía de Sitges (1967), donde sus participantes se pronunciaron en favor de la absoluta libertad de expresión cinematográfica. Las Jornadas, sin embargo, sólo resultaron en una afirmación de estos principios y no en un programa coherente de actuación[151]. Por lo demás, en esta década y en la siguiente siguió influyendo la tradición literaria catalana en su cine[152].

Desde la perspectiva de la producción, entre los años 1960-1980 la cinematografía catalana se encuentra en crisis y se caracteriza por la reducción de salas de exhibición, la monopolización del mercado de distribución por las multinacionales y la falta de una política de comunicación catalana coherente. A esto hay que sumar la competencia del sector televisivo cuya lógica fue determinada por el monopolio de *RTVE* hasta 1975[153].

Los años 1980-1997 experimentaron profundas transformaciones en el sector de la comunicación y en la sociedad en general, caracterizadas por la democratización política y el cambio tecnológico y económico. Respecto a la desmonopolización del espacio público por el gobierno central, Catalunya obtiene competencias autonómicas sobre comunicación y cultura en *L'Estatut de Catalunya* en 1979; inaugura *TV3* en 1984 y *Canal 33* en 1988[154]. En la primera etapa de la Generalitat la política cinematográfica fue una preocupación lingüística que resultó en el doblaje de películas extranjeras al catalán estimulando, así, la competencia en vez de apostar por el cine autóctono[155]. Frente esta situación política-cultural, Francesc Bellmunt realiza con éxito comercial una comedia[156] y después del éxito de la crítica internacional por el documental *Ocaña*[157], Ventura Pons se dedica a la comedia[158], pues a pesar de su reconocimiento internacional no se le ofrece trabajo[159]. El resto del paisaje cinematográfico está caracterizado por un cine histórico que define la identidad catalana tanto como se hizo en la década anterior[160]. El primer gobierno socialista instauró, con Pilar Miró como presidente de la Dirección General de Cinematografía Español, una política proteccionista basada en las subvenciones anticipadas para obras con carácter artístico y cultural. En combinación con varios acuerdos con RTVE, que potenciaban la compra de derechos, algunas productoras empezaron a hacer cine catalán de género literario inspirado en los clásicos catalanes[161]. La tendencia hacia este tipo de cine se desarrolló a lo largo de los años ochenta y entró en crisis al principio de los noventa por el elevado coste de las producciones con ambientación histórica[162].

En 1985 se producen 16 largometrajes en Catalunya. El sector se encuentra en plena crisis. La Generalitat nombró al cineasta Josep Maria Forn director del *Servei de Cinematografia*; las líneas básicas de la política cinematográfica de la Generalitat estaban dirigidas hacia la base industrial, un cine de géneros y, al mismo tiempo, hacia un cine de autor y la formación de nuevos directores.

---

[151] Ripoll. X., ibídem. Pág. 72-73. Las películas: 1966. *Fata Morgana*, de Vicente Aranda; 1967. *Cada vez que...*, de Carlos Duran; 1966. *Circles*, de Ricard Bofill; 1966. *Noche de vino tinto*, de José M. Nunes; 1967. *Ditirambo*, de Gonzalo Suarez; 1967. *Dante no es únicamente severo*, de Jacinto Esteve y Joaquín Jordá; 1968: *Después del Diluvio*, de Jacinto Esteva; 1966. *Mañana será otro día*, de Jaime Camino y finalmente, 1968. *Nocturno 29*, de Pere Portabella.

[152] – 1969. *La respuesta*, de Josep María Forn; 1966. *Una historia de amor*, de Jordi Grau; 1968. *Elisabeth*, de Alexandre Martí.

[153] Enciclopèdia Catalana. Barcelona. 1998. Pág. 348-349.

[154] Enciclopèdia Catalana. Barcelona. 1999. Pág. 300-333

[155] El catedrático Miquel Porter Moix presidió el *Servei de Cinematografia*. En una entrevista con el autor declaró que esta política fue el motivo de su dimisión, a pesar de que al comienzo de su mandato era partidario de ella.

[156] 1980, *La quinta del porro*

[157] – 1978, Ocaña, retrat intermitent.

[158] 1981, *El vicari d'Olot*.

[159] Entrevista en el Anuario de la SGAE de las Artes Escénicas, Musicales y Audiovisuales. 1999. Madrid. p.241

[160] 1976, *La ciutat cremada* de Antoni Ribas y 1978, *Companys, procés a Catalunya* de Josep María Forn.

[161] 1982, *Bearn*, de Jaime Chávarri y también en 1982, *La plaça del Diamant*, de Francesc Betriu.

[162] 1984, *Últimas tardes con Teresa*, 1987, *Laura a la ciutat del sants* y 1992, *La febre d'or*, las tres de Gonzalo Herralde; 1987, *La senyora*, de Jordi Cadena; 1989, *La punyalada*, de Jordi Grau; 1989, *Si te dicen que caí*, de Vicente Aranda; 1990, *La teranyina*, y 1992, *Havanera*, de Antoni Verdaguer; y finalmente, 1990, *Solitud, de Romá Guardiet*.

Estas nuevas directrices, sin embargo, no impulsaron una verdadera política de calidad ni un éxito económico del cine catalán, tanto en el mercado interior como en el exterior. Respecto a la continuidad de ciertas tradiciones artísticas, sin importar lo débiles que fuesen, destaca el género de la comedia catalana[163].

Dentro del thriller se produjeron varias películas[164] y se observa un cine de autor donde se manifiesta el espíritu experimental de la *Escola de Barcelona*[165]. A excepción de Bigas Luna[166], que ha obtenido una proyección europea, los cineastas autores no han tenido un gran éxito comercial en el mercado interior español a pesar de que algunos – José Luis Guerín y Ventura Pons - han conseguido reconocimiento de los festivales internacionales. La comedia *Que te jugues, Mari Pili?* (1991) de Ventura Pons gozó de un cierto éxito comercial. En 1995 Ventura Pons se distanció de la comedia catalana y empezó a hacer adaptaciones de textos teatrales catalanes al cine consiguiendo de este modo entrar en el mercado español y consolidarse a nivel internacional[167].

En resumen, en los años noventa se observa una cierta continuidad de la comedia catalana, de los géneros literarios y el thriller, que forman los pilares comerciales del cine catalán a pesar de una falta de infraestructura industrial puramente cinematográfica.

El mapa de la configuración discursiva

A modo de conclusión, y en referencia a la configuración discursiva del sector, cabe destacar que la relativa debilidad económica del sector cinematográfico autónomo catalán también se refleja en la falta de diversidad y acreditación de tradiciones artísticas. Se pueden identificar como indicadores de la riqueza cultural de un sector primero el nivel de acreditación de las tradiciones artísticas; segundo la existencia de una diversidad de tradiciones y tercero, el grado de su diversidad.

El mapa de la configuración discursiva del sector basado en las versiones más canónicas del sector cinematográfico anteriormente analizadas, pone de manifiesto esta penuria a lo largo de su historia, cuyo desarrollo – claro está – no fue ni libre ni continuo hasta hace 25 años.

Al principio se estableció el recién inventado cine en Barcelona y se cristalizaron dos lenguajes cinematográficos y dos formas de hacer cine: realista y fantástica.

La primera resultó en la producción de documentales y la segunda en seriales de inmenso éxito popular, interrumpidas ambas por la Primera Guerra Mundial.

La Dictadura de Primo de Rivera trasladó el cine a Madrid y sólo en la Segunda República resurgió el cine en Catalunya, produciendo documentales y cine de gusto popular. La Guerra Civil y las primeras dos décadas de la Dictadura trasladaron, de nuevo, el centro de cine a Madrid. La tradición documentalista se pierde. En el apartado de ficción empiezan a tomar fuerza dos tradiciones: el thriller y el cine literario basado en la tradición literaria catalana que se establecen en los dos décadas siguientes; también se inicia el cine de autor. Inscrita dentro de las corrientes innovadoras del cine europeo, La Escola de Barcelona nació como movimiento vanguardista fundamentalmente en oposición al Nuevo Cine español y no como impulso de ruptura estilística dentro del cine catalán.

En los años setenta comienza la competencia seria de la televisión. La comedia catalana empieza a establecerse como tercer género cinematográfico. Ventura Pons recoge la tradición documentalista

---

[163] 1985, *La radio folla* y 1986, *Un parell d'ous*, de Francesc Bellmunt; 1986, *La rosa del bar*, de Ventura Pons; 1987, *L'escot*, de Antoni Verdaguer y 1990, *Un submarí a'l es tovalles*, de Ignasi P. Farré.

[164] 1986, *Puzzle*, de Lluís Josep Comeron; 1986, *Barcelona Connection*, de Miguel Iglesias; 1988, *Estació central*, de Josep Anton Salgot; 1988, *Un negre amb un saxo*, de Francesc Bellmunt; 1987, *Angoixa*, de Bigas Luna; 1990, *Boom boom*, de Rosa Vergés.

[165] Angel Quintana; en *Història. Política, Societat i Cultura dels Països Catalans*. Enciclopèdia Catalana. Barcelona. 1999. Pág. 333. Películas: 1988, *El vent de l'illa*, de Gerard Gomezano; 1986, *Més enllà de la passió*, y, 1990, *La banyera;* las dos de Jesús Garay; 1991, *L'última frontera*, de Manual Cusso-Ferré; 1988, *Es quan dormo que hi veig clar*, de Jordi Cadena; 1990, *Pont de Varsovia*, de Pere Portabella. 1983, *Los motivos de Berta;* 1989, *Innisfree;* 1997, *Tren de sombras*, los tres de José Luis Guerín.

[166] 1990, *Las edades de Lulu*, y 1992, *Jamón, jamón.*

[167] – 1995, *El perquè de tot plegat;* 1996, *Actrius;* 1997, *Caricies;* 1998, *Amic/Amat* y en 1999, *Morir (o no)*. Premios en Cannes, Berlín y Montreal. Retrospectivas en Belgrado, Londres y Nueva York.

en *Ocaña*, pero a pesar de su reconocimiento internacional no consigue ofertas y se dedica a la comedia. En los años ochenta y noventa se observa una cierta continuidad de la comedia catalana, de los géneros literarios y el thriller, que forman los pilares comerciales del cine catalán a pesar de una falta de infraestructura industrial puramente cinematográfica.

Gráfico 7: Mapa de configuración discursiva cine catalán

	Escuela realista	Escuela fantástica
1897-1913	Documentales	Ficción
1914-1918	PRIMERA GUERRA MUNDIAL	
1919-1922	Documentales	Seriales
1923-1930	DICTADURA PRIMO DE RIVERA	
1931-1935	Documentales Cortometrajes	Películas de gusto popular
1936-1945	GUERRA CIVIL ESPAÑOLA SEGUNDA GUERRA MUNDIAL	
1946-1959	Documentales	Películas históricas; cine negro; westerns
1960-1969	↓	Thriller; cine literario basado en clásicos catalanes; cine autor; Escola de Barcelona cine experimental Ruptura estilística con Madrid
1970-1979	*Ocaña*	comedia; género literario; thriller; cine experimental
1980- 2001	Documentales	Adaptaciones de obras teatrales catalanas al cine; comedias; cine experimental.

Vemos a continuación las recaudaciones y número de espectadores por géneros durante los últimos cuatro años. Los géneros de comedia, literario y thriller que se establecieron en el mapa discursivo siguen siendo el cine con más "éxito" en cuanto a números de espectadores y recaudación. La tabla 78 muestra el total de espectadores durante los años 1996 hasta 1999 según géneros.

Tabla 78: Total de espectadores de cine catalán por géneros entre 1996-1999

Género	Espectadores
Drama	1.955.680
Comedia	1.609.254
Thriller	926.892
Terror	246.971
Animación	35.363
Documental	1942
Experimental	565

Fuente: ICAA
    Elaboración propia

A pesar del aparente éxito de los géneros de drama, comedia y thriller durante este periodo se han producido cambios significativos en las tendencias durante estos cuatro años como muestra la tabla 79 a continuación que incluye el desarrollo de número de espectadores por géneros durante los últimos cuatro años. En 1996 el género que atrajo la mayoría de los espectadores fue el drama seguido por el thriller y la comedia. En el año siguiente el drama pierde sus espectadores y los géneros comedia y thriller atraen a los públicos. En 1998 el drama se recupera y es el único género que atrae algo de publico a pesar del pésimo año del cine catalán. En 1999 la comedia resurge y el género de terror aparece en el panorama. El género drama sigue viendo su declive generalizado. En cuanto a los demás géneros el éxito del cine de animación catalán se basa en su distribución por televisión y el documental y el cine experimental tienen poco público.

Tabla 79: Desarrollo de los espectadores de cine catalán por géneros 1996-1999

Año	Comedia	Drama	Thriller	Documental	Animación	Experimental	Terror
1996	81.668	1.413.158	109.450	0	0	551	0
1997	792.640	288.072	779.801	0	0	14	0
1998	46.665	152.169	37.641	0	0	0	0
1999	687.531	102.281	0	1.942	35.363	0	246.971
TOTAL	1.609.254	1.955.680	926.892	1.942	35.363	565	246.971

Fuente: ICAA
    Elaboración propia

El gráfico 10 expresa esta situación de nuevo pero esta vez en recaudación en pesetas entre 1996 y 1999.

Gráfico 8: Recaudación Cine Catalán por géneros en pesetas 1996-1999

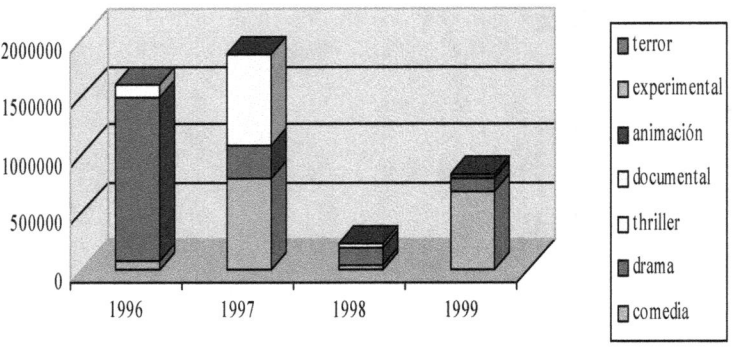

Fuentes: Generalitat de Catalunya
         Catalán Films and Television
         ICAA
         Elaboración propia

Anexo 15: Empresas audiovisuales por distritos y municipios [168]

No	Empresa	Tipo	Distrito / Municipio
1	BTV	Televisión	01 Ciutat Vella
2	Àrea de Televisió	Productora TV, Documentales, Multimedia	02 L'Eixample
3	Bailando con Todos	Productora cinematográfica	02 L'Eixample
4	Cover 7 Produccions	Publicidad	02 L'Eixample
5	Eddie Saeta	Productora cinematográfica	02 L'Eixample
6	El Terrat	Productora audiovisual	02 L'Eixample
7	Els Films de la Rambla	Productora cinematográfica	02 L'Eixample
8	Els Quatre Gats	Productora cinematográfica	02 L'Eixample
9	Fair Play Produccions	Productora cinematográfica	02 L'Eixample
10	Films 59	Productora cinematográfica	02 L'Eixample
11	Grupo Trimagen	Productoras TV	02 L'Eixample
12	Grupo Trimagen	Servicios	02 L'Eixample
13	ICC	Productora cinematográfica	02 L'Eixample
14	La Productora	Productora TV, Documentales, Multimedia	02 L'Eixample
15	Massa D'or Production	Productora cinematográfica	02 L'Eixample
16	Messidor Films	Productora cinematográfica	02 L'Eixample
17	Oberon Cinematográfica	Productora cinematográfica	02 L'Eixample
18	Sonoblok SA	Servicios	02 L'Eixample
19	Nic	Productora TV animación	03 Sants-Montjuïc
20	Filmtel SA	Servicios	04 Les Corts
21	Bausan Films	Productora cinematográfica	05 Sarrià-Sant Gervasi
22	BRB Internacional	Productora TV animación	05 Sarrià-Sant Gervasi
23	D'Occon	Productora TV animación	05 Sarrià-Sant Gervasi
24	D'Occon	Servicios	05 Sarrià-Sant Gervasi
25	Films de l'Orient	Productora cinematográfica	06 Gràcia
26	Filmtel SA	Servicios	06 Gràcia
27	In Vitro Films	Productora cinematográfica	06 Gràcia
28	Milana Bonita	Productora cortometrajes	06 Gràcia
29	Montaje de Mozart, SL	Servicios	06 Gràcia
30	Gestmusic Endemol	Productora audiovisual	07 Horta-Guinardó

---

[168] Las productoras que disponen de sus propios servicios figuran a un lado como empresa de servicios al otro como productora. Bajo servicios reunimos Edición, Duplicación, Telecine, VSC (Vídeo Standard Conversion), DVD (Premasterización DVD), Estudios de rodaje, Estudios de sonorización y doblaje (ESD), Salas de montaje, grabación de música y sonido (sonido), Subtítulos (SUB), Archivos de imagen (AIM).

31	Gestmusic Endemol	Servicios	07 Horta-Guinardó
32	Rumbo Sur	Productora documentales	07 Horta-Guinardó
33	Cromosoma	Productora TV animación	10 Sant Martí
34	Estudios Ideal	Servicios	10 Sant Martí
35	Fantastic Factory	Productora cinematográfica	Hospitalet. Polígono Industrial Pedrosa
36	Filmax	Servicios	Hospitalet. Polígono Industrial Pedrosa
37	Image Film	Servicios	Hospitalet. Polígono Industrial Pedrosa
38	Sogedasa	Productora cinematográfica	Hospitalet. Polígono Industrial Pedrosa
39	RTVE Sant Cugat	Televisión	Sant Cugat
40	RTVE Sant Cugat	Servicios	Sant Cugat
41	Media Park	Productora audiovisual	Sant Just Desvern
42	Media Park	Servicios	Sant Just Desvern
43	Paral.lel 40	Productora documentales	Sant Just Desvern
44	TV 3	Televisión	Sant Just Desvern
45	TV 3	Servicios	Sant Just Desvern
46	Neptuno Films	Productora TV animación	Terrassa
47	Neptuno Films	Servicios	Terrassa

Fuentes propias

www.ingramcontent.com/pod-product-compliance
Lightning Source LLC
Chambersburg PA
CBHW070705290526
45790CB00001B/461